广西农家

·2018 年版·

《广西农家百事通》编写组　编

广西科学技术出版社

漓江出版社

图书在版编目（CIP）数据

广西农家百事通：2018年版 /《广西农家百事通》编写
组编. 一南宁：广西科学技术出版社，2017.12

ISBN 978-7-5551-0922-8

Ⅰ.①广… Ⅱ.①广… Ⅲ.①农村—生活—知识
Ⅳ.①Z228

中国版本图书馆 CIP 数据核字（2017）第304147号

广西农家百事通 2018年版

GUANGXI NONGJIA BAISHITONG 2018 NIAN BAN

《广西农家百事通》编写组 编

策　　划：黎洪波
责任编辑：罗煜涛　何　伟　杨海涛
助理编辑：李　媛　何思东　袁　虹
特约编辑：王高阳　滚碧月
责任校对：徐光华
装帧设计：谭惠方
绘　　画：潘　凯

出 版 人：卢培钊　刘迪才
出　　版：广西科学技术出版社　　漓江出版社
社　　址：广西南宁市东葛路66号　　广西桂林市南环路22号
发　　行：广西圣图文化传播有限公司　　地址：广西南宁市茶花园路23号
发行电话：0771-5842790　0773-2583322　0771-5825315　0771-5775529
传　　真：0771-5842790　0773-2582200　0771-5824817
印　　刷：广西地质印刷厂
开　　本：787 mm × 1092 mm　1/16
印　　张：18.75
字　　数：350千
版　　次：2017年12月第1版
印　　次：2017年12月第1次印刷
书　　号：ISBN 978-7-5551-0922-8
定　　价：50.00元

小康不小康，关键看老乡。

中国要强，农业必须强；

中国要美，农村必须美；

中国要富，农民必须富。

——中共中央总书记、国家主席、中央军委主席　习近平

绝不让一个贫困群众掉队，确保到 2020 年农村贫困人口全部脱贫，让中国人民共同迈入全面小康社会。

他们的生活存在困难，我感到揪心。他们生活每好一点，我都感到高兴。

——中共中央总书记、国家主席、中央军委主席　习近平

把精准贯穿识贫、扶贫、脱贫全过程。

以最大的决心、最严的要求、最实的举措，真抓实干，打赢脱贫攻坚战。

以"绣花功夫"打赢脱贫攻坚战。

——广西壮族自治区党委书记、自治区人大常委会主任　彭清华

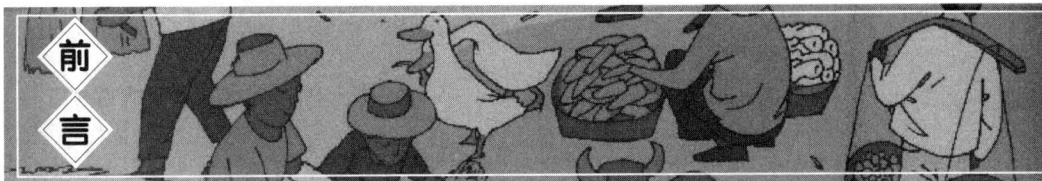

给农民朋友的一封信

亲爱的农民朋友：

　　你们好。

　　党和政府高度重视脱贫攻坚工作。2017年10月18日，党的十九大报告指出，"坚决打赢脱贫攻坚战。让贫困人口和贫困地区同全国一道进入全面小康社会是我们党的庄严承诺"，要"确保到二〇二〇年，我国现行标准下农村贫困人口实现脱贫，贫困县全部摘帽，解决区域性整体贫困，做到脱真贫、真脱贫"。广西是全国贫困人口最多的省区，减贫速度位列全国第二，2017年有超过70万名的农民朋友脱贫。

　　中共中央、国务院，广西壮族自治区党委、人民政府，一直把农民朋友的冷暖记在心上。党的十九大报告提出，要大力推进乡村振兴，并将其提升到战略高度，写入党章。国家连续14年出台加强"三农"工作的"一号文件"，广西除了出台配套文件，还深入开展"美丽广西"乡村建设活动，让承载着中华传统文化的乡村，成为人民向往的清洁、生态、宜居、幸福的美丽家园。

　　土地，是农民赖以生存的基础。但是这些年来，有些农民朋友把土地当成"鸡肋"，进城谋生后，把土地撂荒了。进城后，农民朋友的收入比原来高了，但心里的压力增大了，有高堂空巢的担忧，有贤妻操劳的心酸，还有孩子留守的无奈。我们看在眼里，疼在心上。

　　如今，国家鼓励大学生、农民朋友、科技人员回乡创业，发展绿色农业、现代农业。你们可以通过土地确权，明确经营权归自己所有，还可以通过土地流转给大户获得租金，或者合伙成立合作社，自己做大户。党和政府鼓励你们通过参加各种培训及自主学习，成为现代农场

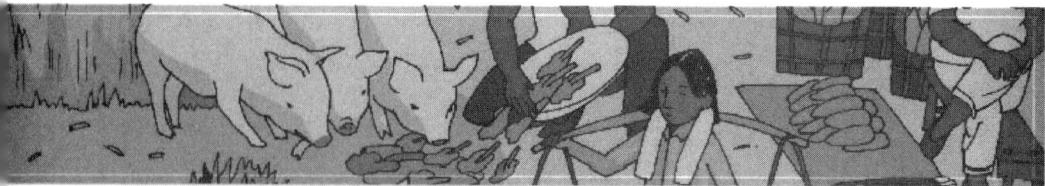

主、林场主，实用人才带头人，职业经理人。职业农民，也是一个有光环的职业。2017年，北京首批职业农民正式上岗，他们竟然是18位"90后"的大学生。

生命健康，是人生中最重要的事情。虽然看病贵、看病难一直让你我很头疼，因病致贫在乡村也比较常见，但是请你们相信，党和政府正在努力通过"健康中国""健康广西"计划的实施以及贫困地区医疗对口支援等工作，逐步解决这些问题。孩子的教育问题，也是你们最操心的事。孩子们只有受到良好的教育，乡村才能真正地摆脱贫困，青山绿水才能变成金山银山。诸如上述种种关系到乡村未来与民族未来的事，党和政府非常重视。广西正在大力推进教育脱贫攻坚工作，加大54个贫困县农村学校教育的投入，落实贫困户子女从学前教育到高等教育各个阶段的扶持政策，实施农村贫困家庭高校毕业生精准就业帮扶行动。这些教育扶持政策的实施，不仅给孩子们带来希望，而且也给整个乡村带来希望。

习总书记说："小康不小康，关键看老乡。中国要强，农业必须强；中国要美，农村必须美；中国要富，农民必须富。"美丽乡村的建设有赖于你们，我们也责无旁贷。因此，我们整理了与乡村建设有关的最新政策（到2017年11月止），以图文的形式简明扼要地表现出来，希望它们能成为你们致富的金钥匙。

除了图书，我们还拟建设一系列的多媒体平台。通过手机扫描二维码，你们不仅可以看到新政策的完整文件，还能和农业专家在线互动，或者向本书编辑提出建议，等等。我们希望，图书和多媒体平台是你们通向幸福生活的桥梁，更是成就梦想的翅膀。

《广西农家百事通》编写组
2017年12月

政策编

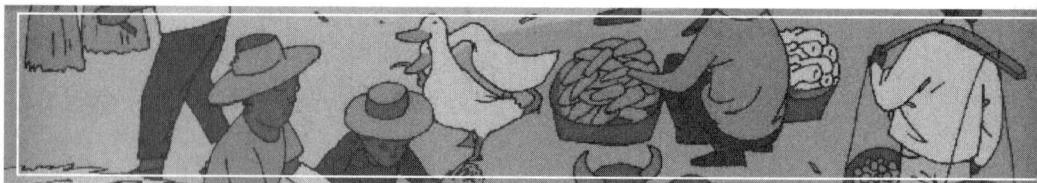

致富编

产业：融合新发展 / 048

（生）（活）（编）

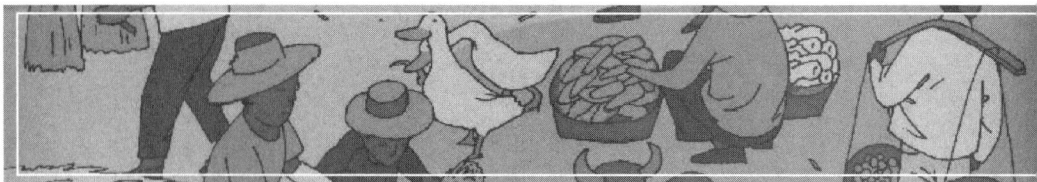

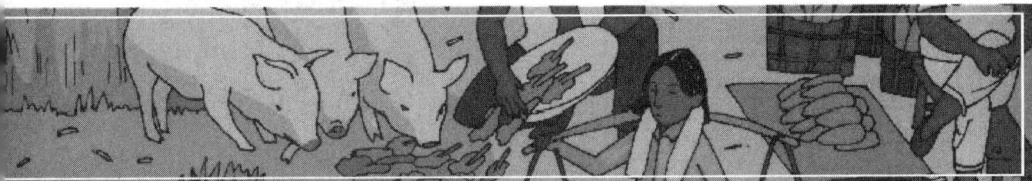

政策编

>>>

时政：
迈入新时代

村村通公告栏

1	未来，农村要"三增"：农业增效、农民增收、农村增绿。农村也要来一场"绿色革命"。
2	以前农产品产量越多越好，往后绿色优质农产品更受欢迎。
3	农村要持续发展，要发展新产业、新业态，要解决人的问题、地的问题、钱的问题。
4	农村要大力发展农村电商，推进"互联网+"现代农业行动。

一、中国已迈入新时代

当下，社会发展的节奏越来越快，新事物层出不穷。在城市，共享单车走上街头，带火了整个自行车产业；在乡村，网购和快递让我们农家的特色农产品源源不断地涌进城市。当我们正在体验农村电商、"互联网+"带给我们便利的时候，《科学》杂志预测，到2045年，全球大约有一半劳动岗位被人工智能技术替代，而在中国，这个数字可能达到77%，人工智能将成为接棒互联网的下一个产业发展浪潮。站在世界的高度，看中国，站在全国的高度，看我们自己生活的美丽乡村，看清大势，才能更好地把握未来。

中国，未来会怎么样呢？

（一）从信号看中国

中国八大发展信号，看"颜值"，更看"气质"

信号一	信号二	信号三	信号四
总基调：稳中求进	主攻方向：供给侧结构性改革	激发内生动力，改革破解难题	力促经济转型升级

信号五	信号六	信号七	信号八
增强内需，拉动经济增长	重要发力点：脱贫和就业	打好蓝天保卫战	完善战略布局，提升对外开放水平

（二）从热词看中国

（1）开启新时代：中国共产党第十九次全国代表大会（以下简称中共十九大）于2017年10月18日至10月24日在北京召开。从此，中国特色社会主义进入了新时代。

（2）新目标、新飞跃：中共十九大报告提出，中国要在2020年全面建成小康社会，2035年基本实现社会主义现代化，21世纪中叶建成富强、民主、文明、和谐、美丽的社会主义现代化强国。

（3）新时代思想旗帜："习近平新时代中国特色社会主义思想"写入党章，立起了新时代思想旗帜。

（4）新时代主要矛盾：人民日益增长的美好生活需要和不平衡不充分的发展之间的矛盾。

中共十九大给农民带来啥利好消息？

实施乡村振兴战略

到2020年，乡村振兴取得重要进展，制度框架和政策体系基本形成；

到2035年，乡村振兴取得决定性进展，农业农村现代化基本实现；

到2050年，乡村全面振兴，农业强、农村美、农民富全面实现。

◆ 实施乡村振兴战略，我们农村有盼头了

（5）人工智能：人工智能时代已经悄然向我们敞开大门。重复性高、烦琐枯燥、大量使用人工的工作未来将会被人工智能代替。

◆ 人工智能这位"仁兄"太牛了。未来，它可做安检员，为我们"刷脸"通关；当我们为网购商品退换太麻烦而苦恼时，它（对话式线上机器人）能准确理解我们的需求，迅速解决问题；它还可以是家政机器人、情感陪护机器人、娱乐机器人……

（6）蓝天保卫战：治理雾霾，让蓝天更蓝。

（7）数字家庭：把家庭设备通过互联网串联，使衣食住行更加轻松高效。"万物互联"时代来临。

（8）数字经济：以互联网企业为代表的数字经济正强势崛起。不懂数字经济，就会成为新时代的新文盲。

（9）全域旅游：全社会都来参与旅游建设，旅游从"点（景点）上发力"转到"遍地开花"。

◆ "万物互联"，生活更加便利

（10）河长制：由中国各级党政主要负责人担任"河长"，负责组织领导相应河湖的管理和保护工作。

（11）海绵城市：这是新一代城市雨洪管理概念，也就是指下雨时吸水、蓄水、渗水、净水，需要时将蓄存的水"释放"并加以利用。

（12）农村土地"三权分置"：三权指所有权、承包权、经营权。所有权，归农民集体所有，始终不变；承包权，归农户所有，严格保护；经营权，归经营主体所有，加快放活。

（13）清单管理制度：指用清单列出哪些是可以做的，哪些是不可以做的。全面实行清单管理制度，制定国务院部门权力和责任清单，扩大市场准入负面清单试点，减少政府的自由裁量权，增加市场的自主选择权。负面清单制度未来五年将全面实施。

（14）国家公园体制：出台国家公园体制总体方案，为生态文明建设提供有力的制度保障，打造美丽中国的"生态之窗"。

（15）第五代移动通信：5G移动通信的研发工作已经全面启动。预计2020年用户会享受到5G移动网络。利用这一技术，下载一部高画质电影只需十秒钟。

二、国家出台一系列政策

（一）"一号文件"的新亮点

发布单位：中共中央、国务院。

发布时间：2017年2月。

发布内容：《中共中央、国务院关于深入推进农业供给侧结构性改革　加快培育农业农村发展新动能的若干意见》。

贴近民生，切实惠农

扶贫
推进精准扶贫
2017年再脱贫
1000万人以上

教育
全面落实城乡统一、重在农村的义务教育经费保障机制

医疗
推进城乡居民医保制度整合、基本医保全国联网和异地就医结算

中央"一号文件"中明确提出的农村共享发展方面的内容，将切实提升广大农民的获得感

社保
完善农村低保对象认定办法，科学合理确定农村低保标准

养老
完善城乡居民养老保险筹资和保障机制

住房
完善农村危房改造政策，提高补助标准

环境
开展农村人居环境和美丽宜居乡村示范创建

文化
加强农村公共文化服务体系建设，支持重要农业文化遗产保护

扫一扫

◆ 扫描二维码，获取 2017 年中央"一号文件"文件详情

1 供给侧改革

供给侧改革，就是做优质的农产品，市场需要啥我们就生产啥。

供给侧改革的前后对比：

①过去主要是解决农产品供给总量不足的问题，现在更加强调质量效益和竞争力，增强农业的可持续发展能力。②过去主要是考虑初级产品生产的问题，现在更加注重调整好产品结构。③过去主要是农业生产力范畴的一些调整，现在要更加注重体制改革、机制创新，靠激活市场、激活要素、激活主体来增强农业、农村内生的发展动力。④2017年更强调发展农村电商和农村第一产业、第二产业、第三产业融合发展，加强生态建设等方面被提到了更加重要的位置和更高的高度。

小贴士

河北省衡水市景县安陵镇农民傅明利种植玉米有10个年头了，玉米价格下调后，他的收入越来越少。他一琢磨，将家里的20亩（1亩≈667平方米，下同）地改种非转基因豆浆用的大豆，效益不错，一亩地比种玉米多收入400多块钱。傅明利说："供给侧改革，我的理解就是生产优质的农产品，市场需要啥咱们就种啥。"

什么是优质农产品？

无公害农产品、绿色食品、有机农产品和获得"农产品地理标志"的产品都是优质产品，这些统称"三品一标"。还有啊，农药、兽药残留超标的，滥用抗生素的，非法添加和超范围超限量使用食品添加剂的，肯定不是优质农产品哦。

听说有些农产品，用手机扫扫二维码就知道是谁家生产的？

是啊，那叫"农产品追溯体系"，就是要把生产者、监管部门以及消费者连接起来。好产品会有好价格，也容易建立品牌。

看来得改变想法与做法。

2 农村发展新动能

只有大力发展乡村休闲旅游产业，我们农村才有奔头。

休闲旅游产业指休闲农业、乡村旅游、森林健康养生业等。农村青山绿水生态好，可以打造各类主题的乡村旅游目的地和精品线路，发展富有乡村特色的民宿和养生养老基地。国家将大力改善公共服务设施条件，在重点村优先实现宽带全覆盖。

3 绿色生产方式

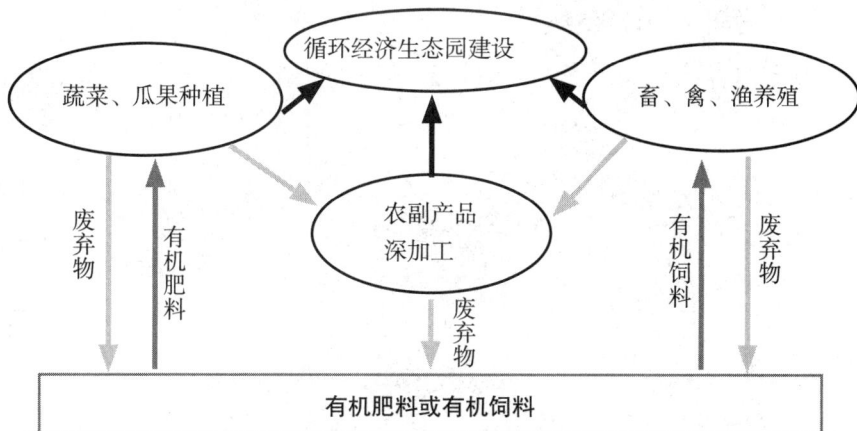

绿色生产方式

化肥、农药零增长行动 ➡	有机肥替代化肥
传统生产方式 ➡	高效生态循环的种养模式
畜禽粪便集中处理 ➡	规模化大型沼气
农业废弃物 ➡	循环再利用

循环经济生态园建设

蔬菜、瓜果种植

畜、禽、渔养殖

农副产品深加工

废弃物　有机肥料　废弃物

有机饲料　废弃物

有机肥料或有机饲料

小贴士

农业废弃物包括哪些？

①农田和果园残留物，如秸秆、残株、杂草、落叶、果实外壳、藤蔓、树枝和其他废物；

②牲畜和家禽粪便以及栏圈铺垫物等；

③农产品加工废弃物；

④人粪尿以及生活废弃物。

延伸阅读

绿色发展，要"绿"什么？

①"绿"生态，要注重生态保护与修复；

②"绿"产业，着力发展环保、节能、低碳的产业，如智能制造、新材料、垃圾处理等；

③"绿"消费，提倡宜居、健康的生活方式；

④"绿"文明，通过法律、行政手段，提升公民素养，让绿色理念深入人心。

（二）兴边富民的新规划

发布单位：国务院办公厅。

发布时间：2017年5月。

发布内容：《兴边富民行动"十三五"规划》。

强基固边　　民生安边　　产业兴边

关键词

开放睦边　　生态护边　　团结稳边

内容：配套六大工程、34项子工程。

支持重点：内蒙古、辽宁、吉林、黑龙江、广西、云南、西藏、甘肃、新疆等9个省（自治区）的140个陆地边境县（旗、市、市辖区）及新疆生产建设兵团的58个边境团场。

◆ 扫描二维码，获取《兴边富民行动"十三五"规划》文件详情

（三）减少农药的使用量

发布单位：国务院。

发布时间：2017年2月。

发布内容：修订版《农药管理条例》，进行26处重大修订，自2017年6月1日起施行。

关键词：减少农药使用量。

剧毒、高毒农药不得用于蔬菜、瓜果、茶叶、菌类、中草药材的生产。通过推广生物防治、物理防治、先进施药器械的使用等措施，逐步减少农药使用量，对实施农药减量计划、自愿减少农药使用量的给予鼓励和扶持。

（四）施有机肥将有补贴

发布单位：农业部种植业管理司。

发布时间：2017年2月。

发布内容：《开展果菜茶有机肥替代化肥行动方案》。

关键词：化肥使用量零增长、有机肥替代化肥。

变废为宝

10亿元

有机肥补贴
等你拿！

《开展果菜茶有机肥替代化肥行动方案》

选择**100个**果菜茶生产重点县（市、区）开展有机肥替代化肥示范活动，每个县（市、区）补贴**1000万元**。

具体目标

具体目标	指标	2020年的目标
化肥用量明显减少	果菜茶优势产区化肥用量	减少20%以上
	果菜茶核心产区和知名品牌生产基地（园区）化肥用量	减少50%以上

续表

具体目标	指标	2020年的目标
产品品质明显提高	果菜茶优势产区区域公用品牌	创建一批地方特色突出、特性鲜明的区域公用品牌
	农产品品质	100%符合食品安全国家标准或产品质量安全行业标准
土壤质量明显提升	优势产区果园土壤有机质含量	达到1.2%或提高0.3个百分点以上
	茶园土壤有机质含量	达到1.2%或提高0.2个百分点以上
	菜地土壤有机质含量	稳定在2%以上

6种技术模式

① "有机肥+配方肥"模式：推广配方施肥，增施有机肥，减少化肥用量。

② "果（菜或茶）—沼—畜"模式：与规模养殖相配套，建立大型沼气设施，将沼渣、沼液施于果园，减少化肥用量。

③ "有机肥+水肥一体化"模式：在水肥条件较好的产区和新建果园，推进矮化密植，在增施有机肥的同时，推广水肥一体化技术。

④ "自然生草+绿肥"模式：在水热条件适宜的区域，通过自然生草或种植绿肥覆盖土壤，防止水土流失，培肥地力。

⑤ "秸秆生物反应堆"模式：推广秸秆生物反应堆，释放二氧化碳，增强光合作用，提高地温，增加土壤有机质含量，抑制土壤次生盐渍化。

⑥ "有机肥+机械深施"模式：在水肥流失较严重的茶园，推进农机与农艺结合，因地制宜推广有机肥机械深施等技术，提高肥料利用效率。

桂北柑橘种植优势突出，种植面积大，是扶持的重点区域哦。

（五）养殖业的绿色发展

发布单位：国务院办公厅。

发布时间：2017年6月。

发布内容：《关于加快推进畜禽养殖废弃物资源化利用的意见》。

关键词：畜禽养殖废弃物资源化利用、促进养殖业绿色发展。

目标：到2020年，全国畜禽粪污综合利用率达到75%以上，规模养殖场粪污处理设施装备配套率达到95%以上，大规模养殖场粪污处理设施装备配套率提前一年达到100%。

（六）邮政快递要村村通

发布单位：国家邮政局。

发布时间：2017年2月。

发布内容：《快递业发展"十三五"规划》。

关键词：乡乡有网点，村村通快递。

目标：到2020年要基本建成。

（七）文化扶贫的新政策

发布单位：文化部。

发布时间：2017年6月。

发布内容：《"十三五"时期文化扶贫工作实施方案》。

◆ 扫描一下，看文化扶贫新政策

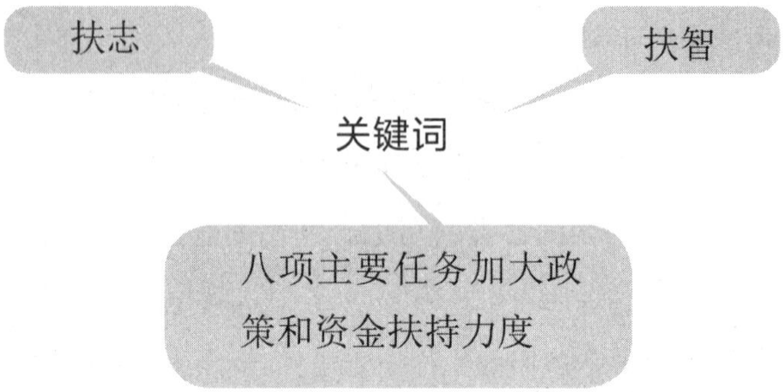

扶志

扶智

关键词

八项主要任务加大政策和资金扶持力度

（八）培育新型经营主体

发布单位：中共中央办公厅、国务院办公厅。

发布时间：2017年6月。

发布内容：《关于加快构建政策体系培育新型农业经营主体的意见》（以下简称《意见》）。

关键词：财政税收、基础设施建设、金融信贷、保险、营销市场、人才培养的政策支持体系。

支持重点：金融、保险、用地政策。

《意见》的主要目标
2020年

基本形成与世界贸易组织规则相衔接、与国家财力增长相适应的投入稳定增长机制以及政策落实与绩效评估机制

构建框架完整、措施精准、机制有效的政策支持体系

不断提升新型农业经营主体适应市场能力和带动农民增收致富的能力

找途径
- 引导农业供给侧结构性改革
- 培育农村发展新动能
- 破解"结构怎么调""地怎么种"等问题

《意见》

找方法
- 优化农业要素组合
- 提高农业质量效益
- 提升农业规模化经营水平

找载体
- 提高农业组织化程度
- 培育新型职业农民
- 增强带动农民就业增收能力
- 让农民共享发展成果

◆ 乡村经济发展了，我们农民的社会地位也就能逐步提高，走在路上，腰杆直，底气足

扫一扫

◆ 扫描二维码，获取《关于加快构建政策体系培育新型农业经营主体的意见》文件详情

延伸阅读

①为了让2000万名新型职业农民能茁壮成长，《"十三五"全国新型职业农民培育发展规划》出台了。

②《全国农业可持续发展规划（2015—2030年）》让现代农业发展有了制度保障。

三、广西持续发力助"三农"

（1）上汽通用五菱投产宝骏，宝骏，也是我们农家的"良马"。

（2）广西植被生态质量和植被生态改善程度居全国首位。

（3）广西左江花山岩画艺术文化景观获准列入世界遗产名录。

（4）广西要打造一批特色小镇，还要加强历史文化名镇、传统村落和古树名木保护。

（5）广西要把"壮族三月三"打造成"八桂嘉年华"。

◆ 左江花山岩画

习总书记考察广西

延伸阅读

时间：2017 年 4 月 19 日至 21 日

地点：北海市合浦汉代文化博物馆、北海市铁山港公用码头、北海金海湾红树林生态保护区、广西南南铝加工有限公司、南宁·中关村创新示范基地、南宁市那考河生态综合整治项目等。

新华视点：①博物馆要突出特色，不要"千馆一面"；②打造好向海经济，要想富先建港口；③写好新世纪"海上丝绸之路"新篇章；④把海洋生物多样性湿地生态区域建设好。

权威漫评："一带一路"推动中国大开放大开发，不断开创改革发展新局面。

（根据"新华视点"微博及新华网新闻整理）

四、广西惠农政策

（一）脱贫攻坚硬性目标

资金投入

2017年全国财政专项扶贫资金超过1400亿元，增长30.3%；广西扶贫资金总量超过20亿元。

减贫速度

广西减贫人数位列全国第一，减贫速度排在全国第二位。

奋斗目标

2016年贫困人口341万，2012年减贫任务70万人，目标100万人。易地扶贫：总数量110万人。2016年搬迁33万人，2017年搬迁44万人，2018年搬迁33万人，2019年、2020年扫尾、巩固。

2017年，广西进一步调整了精准脱贫摘帽标准及认定程序（桂政办发〔2017〕41号）。我们觉得，新方案强调民生，更关注我们农民的冷暖。

贫困户脱贫摘帽标准：八有一超

1

有稳定收入来源且吃穿不愁

2

有住房保障

3

有基本医疗保障

4

有义务教育保障

5

有安全饮水

6

有路通村屯

7

有电用

8

有电视看

9

"一超"：年人均收入稳定超过国家扶贫标准

亮点：在2016年有稳定收入来源的基础上增加"不愁吃、不愁穿"。

贫困村脱贫摘帽标准

1 有特色产业

2 有住房保障

3 有基本医疗保障

4 有义务教育保障

5 有安全饮水

6 有路通村屯

7 有电用

8 有基本公共服务

9 有电视看

10 有村集体经济收入

11 有好的"两委"班子

12 贫困发生率低于3%

💡 | 亮点：强调特色产业的覆盖面，产业致富是根本。

贫困县脱贫摘帽标准

1 有特色产业

2 有住房保障

3 有基本医疗保障

4 有义务教育保障

5 有安全饮水

6 有路通村屯

7 有电用

8 有基本公共服务

9 有社会救助

10 农村贫困发生率低于3%

💡 | 亮点：强调义务教育巩固率达90%以上，到2020年达93%（含93%）。

（二）提倡发展生态养殖

发布单位：广西壮族自治区人民政府办公厅。

发布时间：2017年4月。

发布内容：《广西现代生态养殖"十三五"规划》。

目标：到2020年，规模化养殖场生态养殖比重达90％以上，广西每个乡镇建成农村人畜分离生态养殖示范村1个以上，渔业生态养殖面积占水产养殖总面积的80%以上。

重要环节：废弃物（粪污、农膜、农药包装物、秸秆等）资源化利用。

模式："微生物+"贯穿养殖全过程。

（三）可持续发展新规划

发布单位：广西壮族自治区农业厅。

发布时间：2017年5月。

发布内容：《广西农业可持续发展规划（2016—2030）》。

目标：粮食安全可持续、农民增收可持续、资源环境可持续。

（四）改厨、改厕、改圈

为了从根本上改善乡村的卫生状况，"美丽广西·宜居乡村"中"基础便民"专项活动以改厨、改厕、改圈为工作重点，由政府出资，分阶段对乡村的传统厨房、厕所、牛圈、猪圈等进行改造，让它们更方便、更卫生、更舒适。计划到2018年底，广西农村厕所、厨房改造各完成200万户。

（五）农民工住房有保障

随着城市的发展，越来越多的农民兄弟背井离乡来到城市拼搏奋斗，用双手让城市高楼林立，自己却终日在潮湿阴暗的工棚和宿舍里生活，城市对于我们农民工来说仿佛近在咫尺，却又遥不可及。

为了解决我们农民工住房难的问题，2015年11月18日广西壮族自治区住房和城乡建设厅出台了《关于加强农民工住房保障工作的实施方案》，用两年时间基本形成较为完善的农民工住房保障政策体系和实施机制，建立农民工住房保障的长效机制。

农民工住房难的问题主要通过政府新建公共租赁住房、推进城市棚户区改造等多种方式来解决。广西14个地级市的农民工朋友，可以向公司与社区提出租房申请，完成资格审核、签约等手续后，就可以顺利地租到公租房了。

小贴士

广西是全国农民工主要输出地之一，农民工总量达1165万人，占广西总人口的五分之一，占广西城镇总人口的二分之一，总体上呈现"不融入"或"半融入"城市的状态，"半城镇化"现象突出。解决农民工住房问题是"农民"转化为"市民"的一项重要举措。目前广西各市公租房的申请流程不完全相同，农民朋友可以向公司、社区以及各市住房和城乡建设局负责住房保障管理的处室咨询了解。

"美丽广西"的政策支持

"美丽广西"乡村建设重大活动规划期为2013—2020年，分"清洁乡村""生态乡村""宜居乡村""幸福乡村"四个阶段推进（桂办发〔2013〕24号）。2017—2018年重点推进"宜居乡村"的建设，重点开展"产业富民""服务惠民""基础便民"三个专项活动。

为加强乡村环保基础设施的建设，广西壮族自治区"美丽广西"乡村建设领导小组办公室出台了《广西壮族自治区废弃农资及包装物回收处理方案》（桂"美丽办"〔2014〕26号）、《关于开展农村垃圾处理攻关工作的实施方案》（桂"美丽办"〔2014〕38号）。

教育：
成就新梦想

村村通公告栏

1　中共十九大报告指出，推动城乡义务教育一体化发展，高度重视农村义务教育，办好学前教育、特殊教育和网络教育，普及高中阶段教育，努力让每个孩子都能享有公平而有质量的教育。

2　重点围绕新型职业农民培育、农民工职业技能提升，整合各渠道培训资金资源，建立政府主导、部门协作、统筹安排、产业带动的培训机制。探索政府购买服务等办法，发挥企业培训主体作用，增强农民工技能培训针对性和实效性。

3　为落实教育精准扶贫有关要求，全力帮助建档立卡贫困户家庭学生无障碍上学，确保其入学生活无忧，安心就读，从2016年秋季学期起，对建档立卡贫困户家庭学生实施15年免费教育并给予优先重点资助。

一、挣钱不再是件苦力活儿

（一）外出务工做足准备

说出来你可能都不敢相信，作为劳务大量输出的自治区，广西每年都有数百万的务工人员不远千里外出务工，为我们家乡及他们工作地方的经济发展做出了巨大贡献，这一点看一下我们村里有多少人出去打工就知道了——"能出去的都出去了"。他们离开家乡，去到陌生的地方打拼，家里的乡亲们都挂念着他。

外出务工人员有以下特点：以青壮年为主，文化素质偏低，劳动技能缺乏，外出方式以自发转移为主（经过地方政府有组织地向外输出劳动力的机会和数量较少，出去打工前没有受到专门的职业培训），打工的地方主要集中在东部经济发达地区，他们一般是做生产加工、零件制造、建筑施工等，在外打工的收入也有大幅增长，在这个过程中，他们的自身素质也逐步得到了提高。

◆ 外出务工人员以青壮年为主

外出务工当然也会存在这样、那样的问题。通常来说，外出务工人员的就业质量不高，家里的农业生产也会受到一定的影响，顾不上家里老人的赡养和孩子的教育，最重要的一点是外出人员的合法权益受到不同程度的侵害——不签劳动合同、拖欠工资、福利较差。不少厂家为了减少成本，只用铁板搭建简陋的厂房，工作环境很差，伙食也不好，更别说提供"五险一金"了。而很多外出务工的人员并不了解"五险一金"是什么。

为了改善外出务工人员的境遇，应该从以下几个方面做起，以保障他们的合法权益，让他们的家庭遇到更少的麻烦。

1 普及教育和强化培训

一是在教育方面，要在农村地区普及九年义务教育。到了该上学的年龄，就都要接受义务教育，同时尽量往高等教育或职业教育发展，从源头提高农村劳动力的素质。二是强化劳动技能培训，进一步加大对培训机构的投入。抓住外出农民返家高峰的过年、过节时间，充分了解培训需求，采用针对性强、时间短、见效快、全免费或少收费的培训方式培训农民。通过一系列的培训，农民朋友就业面就会广一些，再找工作也会比较容易，而且很有可能找到自己想做的工作。

九年义务教育

小贴士

义务教育又称免费教育，是根据宪法规定，适龄儿童和青少年都必须接受，国家、社会、家庭必须予以保证的国民教育。其实质是国家依照法律的规定对适龄儿童和青少年实施的一定年限的强迫教育的制度。义务教育又称强迫教育和免费义务教育。义务教育具有强制性、免费性、普及性的基本特点。

目前我国实行的是九年义务教育，一至九年级，也就是我们通常所说的小学和初中。

◆ 外出青年回乡创业，带领群众共同致富

2 鼓励和扶持外出人员回乡创业

外出务工人员在外一段时间，既有了一定的社会资本，也掌握了一定的先进技术。农村地方政府应该抓好产业培养和政策扶持的工作，在农民创业方面应该给予更多资金、技术、信息等方面的服务，吸引更多的外出青年回乡创业，带领群众共同致富。

3 解决外出务工人员的后顾之忧

外出务工，还是会挂念家里。爸妈的赡养、孩子的教育，都会变成一块心病。政府采取以下措施解决我们的后顾之忧：一是完善农村医疗保险和养老保险制度，扩大参保比重，同时派出专门人员或者志愿者定期走访留守老人，这样一来，老人受到关爱，外出人员也会

◆ 强化劳动技能培训，创业就业顺心选择

安心；二是完善流动人员子女教育体制，为外出务工人员子女的义务教育提供可靠保证；三是在青壮年劳动力缺位的情况下，遇到事儿，村委会要充分动员留在村子里的人，形成一股合力，把事儿办了。

4 建立健全劳务输出机构

劳务输出机构把用人单位请进来，将剩余劳动力输出去，有组织地转移农村劳动力。有了这样的机构，外出务工人员的就业质量会得到一定的提高。

5 认真学习贯彻《中华人民共和国劳动法》

我们常说"依法办事"，一是约束自己不违法，二是也能拿起法律武器维护自己的合法权益。学校和培训机构应该设置《中华人民共和国劳动法》的学习课程，这样外出务工人员会形成较强的法律意识，随时保护自己的劳动权益。

6 加强与务工人员的联系

不少人离开家乡以后，到了外地，换了手机号，因为没有及时通知家里人，造成"失联"的假象，徒增家人的担心。因此，输出地和输入地都要建立健全外出人员登记制度和联系机制。

（二）国家鼓励返乡创业

前面讲了，在外务工，挣了钱，也学到了本领，回乡创业是很不错的选择。现在广西有不少关于农民工回乡创业的优惠政策。

1 优惠政策

（1）返乡农民工企业招应届毕业生享社保补贴。

除税费减免外，国务院办公厅印发的《关于支持农民工等人员返乡创业的意见》（下称《意见》），还从降低创业门槛、加大财政支持和返乡创业金融支持等方面出台了鼓励农民工返乡创业的政策。

《意见》说，对农民工返乡创业，应推动"一址多照"、集群注册等住所登记制度改革，放宽经营范围，鼓励返乡农民工等人员投资农村基础设施和在农村兴办各类事业。同时，农民工等人员返乡创办的企业，招用就业困难人员、高校应届毕业生的，按规定给予社会保险补贴。

此外，创业担保贷款也将惠及农民工。《意见》提出要落实创业担保贷款政策，优化贷款审批流程，对符合条件的返乡创业人员，可按规定给予创业担保贷款，财政部门按规定安排贷款贴息所需资金。

（2）劳动密集型产业转移到农民工家乡。

《意见》提出"促进产业转移带动返乡创业"，其中提到鼓励农民工输入地在产业升级过程中对口帮扶输出地建设产业园区，引导劳动密集型产业转移，大力发展相关配套产业，带动农民工等人员返乡创业。

根据同时公布的《鼓励农民工等人员返乡创业三年行动计划纲要》（下称《纲要》），未来国家将鼓励已经成功创业的农民工等人员，"顺应产业转移的趋势和潮流，把适合的产业转移到家乡再创业、再发展"。

"输入地与输出地发展联动"是此次鼓励农民工返乡创业的一项基本原则。据此，《意见》还提出，借力"互联网+"信息技术发展现代商业，通过对少数民族传统手工艺品、绿色农产品等输出地特色产品的挖掘、升级、品牌化，实现输出地产品与输入地市场的嫁接。

（3）工商登记优惠政策。

①放宽经营场所登记要求，允许"一址多照""一照多址"、集群注册。

②放宽注册资本登记条件，允许农民专业合作社成员以土地承包经营权的收益权、货币、实物和知识产权作价出资，货币出资和非货币出资不受出资比例限制。

③放宽经营范围，凡国家法律法规未禁止的行业和领域，一律向返乡农民工和农民企业家等人员开放。

④开辟返乡创业"绿色通道"。在各级行政服务中心设置（挂牌）专门窗口，为返乡创业人员安排专人提供一站式服务。

（4）税费减免优惠政策。

对农民工返乡后从事个体经营的，免收个体工商登记费，对投资人和股东均为符合条件的外出务工农民兴办企业的，免收工商登记费。

（5）返乡创业园区建设优惠政策。

①农民工和农民企业家返乡创业园的建设资金由建设方自筹;以土地租赁方式进行农民工

◆ 符合条件的外出务工农民兴办企业的，免收工商登记费

和农民企业家返乡创业园建设的，形成的固定资产归建设方所有。

②安排相应的财政引导资金，以投资补助、贷款贴息、返乡创业园

区建设奖补等方式给予政策支持。

③有关方面可安排相应项目给予对口支持，帮助返乡创业园完善水、电、交通、物流、通信、宽带网络等基础设施。

④鼓励返乡农民工和农民企业家等人员入园创业，可租用园区内的国有土地和标准厂房，也可按弹性年期出让或以"租让结合、先租后让"的方式用地，降低一次性支出成本。

2 创业方向

国家为什么要出台文件鼓励农民工返乡创业呢？劳动密集型产业面临转型升级的调整，东南沿海的农民工返乡趋势不可逆转。国家出台文件，是提前为农民工返乡布局。

大量的农民工返乡，他们可以在哪些领域创业？《意见》提出，鼓励

◆ 共创合作社，提前奔小康

创业基础好、创业能力强的返乡人员，充分开发乡村、乡土、乡韵潜在价值，发展休闲农业、林下经济和乡村旅游，促进农村第一产业、第二产业、第三产业融合发展，拓展创业空间。以少数民族特色村镇为平台和载体，发展民族风情旅游业，带动民族地区创业。

在创业模式上，《意见》也提出要合作分散市场风险，其中说到"鼓励返乡人员共创农民合作社、家庭农场等新型农业经营主体，合作建立营销渠道"。

（三）技能培训助力脱贫

相关部门会不定期组织与农民利益密切相关的技能培训，以提高农民的技能水平，助力脱贫致富。

广西将加大贫困地区劳动力培训资金支持力度：对16~60周岁、有劳动能力的建档立卡贫困户劳动力参加扶贫部门主办的短期技能培训，并考取职业资格证书的，每人每期补助3000元；对自主参加扶贫部门以外的单位主办的技能培训，获得国家承认并可在网上查证的职业资格证书的建档立卡贫困户劳动力实行以奖代补，每人一次性奖励800元；对从事农业生产经营的广西建档立卡贫困户劳动力开展农村实用技术培训。

例如，崇左市龙州县人力资源和社会保障局把农民技能培训作为推动脱贫攻坚的有力抓手，取得不错的成果。

一是加大宣传力度。通过举办"就业援助月""春风行动""民营企业招聘周""农民工技能大赛"等就业专项活动，利用宣传板报、广播、电视等媒体和发放宣传小册子，大力宣传职业技能培训补贴政策，提高农民就业培训政策知晓度。开展专项活动中，共推出宣传板报6

◆ 参加技能培训，提高技能水平

期，累计发放宣传小册子5000多本。

二是改进培训方式。将技能培训送下乡，送下村，送到群众家门口；采取农闲多培训、农忙少培训等方式，合理安排培训时间；根据需求以实用技能培训为主，主要以中式面点师、中式烹调师、育婴师、计算机操作员、装饰装修工人等作为重点培训对象，按照职业技能标准和农民需求，开展有针对性的培训。2016年1—11月，共到34个村，举办培训34期，参加培训1620人，核发国家职业资格证书1620本，其中建档立卡贫困劳动力325人。

三是注重岗位练兵。举办龙州县农民工技能大赛，比赛项目为家政服务、工具钳工、焊工、砌筑工、钢筋工、精细木工、汽车修理工、中式烹调等八大项目，比赛带动岗位练兵500多人，现场颁发职业资格证书52本，同时推荐28名优胜者参加市级复赛。通过技能竞赛，激发学员学技能的积极性，提升职业素养和技术动手能力，使"上岗靠竞争，收入靠技能"的观念深入人心。

四是加大资金扶持。按政策给予培训对象发放培训补贴，2016年累计发放补贴137.27万元。2016年10月，输送32名贫困家庭的"80后""90后"劳动力到广西理工职业技术学校进行为期一年的免费职业培训，培训补贴由县财政支付，有效缓解了农村贫困家庭的经济压力，解除了贫困家庭年轻劳动力接受继续教育和实现稳定就业的后顾之忧。

2015年广西农民工培训实训基地名单

1. 14所区直、市级技工学校（职业学校）

（1）一类基地（3所）：广西商业高级技工学校、广西电子高级技工学校、桂林高级技工学校；

（2）二类基地（5所）：南宁高级技工学校、玉林高级技工学校、广西玉林商贸技工学校、广西机械高级技工学校、广西交通技师学院；

（3）三类基地（6所）：广西石化高级技工学校、贺州高级技工学校、广西经贸高级技工学校、来宾市技工学校、柳州铁道职业技术学院、广西轻工高级技工学校。

2. 25所县级职业技能定点培训机构

（1）一类基地（5所）：桂林市第二技工学校、田东职业技术学校、柳州市汽车运输技工学校、崇左市职业技术学校、百色市交通技工学校；

（2）二类基地（7所）：河池市技工学校、大新县职业技术学校、宾阳县职业技术学校、三江侗族自治县职业技术学校、广西柳州商贸技工学校、广西桂林商贸旅游技工学校、平果县职业教育中心；

（3）三类基地（13所）：广西商贸技工学校、浦北县第一职业技术学校、广西机电工程学校、容县职业中等专业学校、南宁市武鸣区职业技术学校、凭祥市中等职业技术学校、百色市右江区职业技术学校、河池市东华职业技术学校、田阳县阳光职业培训学校、北海市创意职业培训学校、博白县农业机械化学校、河池市星火职业培训学校、都安瑶族自治县职业教育中心。

小贴士

小贴士

2016 年第二批广西农民工培训实训基地名单

1. 南宁市职业技术培训中心
2. 柳州市技工学校
3. 桂林市交通技工学校
4. 梧州职业学院
5. 岑溪市技工学校
6. 北海市经济技术职业培训学校
7. 钦州市技工学校
8. 灵山县职业技术学校
9. 桂平市卓丽化妆美容美甲职业培训学校
10. 博白县劳动就业培训中心
11. 民盟百色市工业职业技术学校
12. 贺州市八步区劳动职业技术学校
13. 河池市东华职业技术学校
14. 来宾市兴宾区智诚职业技能培训中心
15. 广西理工职业技术学校

（四）自主学习必不可少

1 阅读思考

为了提升自己的修养，或者学习相关的知识，可以到村里的农家书屋找相应的书来看。如果条件允许，可以到书店或者在网上购买图书来看。

小贴士

世界读书日

世界读书日全称为世界图书与版权日，又称"世界图书日"。最初的创意来自国际出版商协会。1995 年 11 月 15 日正式确定每年 4 月 23 日为"世界图书与版权日"，设立的目的是推动更多的人去阅读和写作，希望所有人都能尊重和感谢为人类文明做出过巨大贡献的文学、科学、思想大师们，保护知识产权。每年的这一天，许多国家都会举办各种各样的庆祝和图书宣传活动。

2 请教能人

　　村里少不了致富能手。无论这位是返乡创业者，还是有经商头脑的能人，你都可以向他请教致富经验。就算他不能和盘托出，相信你也一定会受到启发。

延伸阅读

广西上林：返乡创业致富女能手勇当脱贫致富领头雁

　　黄覃娃本是一名普通的农村妇女，曾经在广东、南宁等地从事餐饮服务行业，现在是广西上林县木山乡的返乡创业女能人。她的家庭农场养殖基地有5000多只鸡，从小到大分三个阶段鸡并采取循环养殖的方法，主要喂食玉米。出产的鸡肉质细腻，香醇味美，赢得经销商的信任，有很大的市场需求。黄覃娃靠智慧和勤劳的双手，用优质肉鸡与经销商达成了长期合作协议，每月定期定量出栏1000只鸡销往周边县城以及南宁农家乐、饭店等。

　　黄覃娃是木山乡那良村人，那良村是木山乡"十三五"贫困村之一。脱贫攻坚工作开展后，致富后的黄覃娃积极关注本村贫困户情况，一心想通过肉鸡养殖带领那良村贫困户脱贫致富。打开了肉鸡养殖销路后，黄覃娃有了更足的底气带动贫困户发展养鸡脱贫致富。木山社区板江庄的10多户贫困户可免费领取20—30只鸭苗，养殖鸭子能为他们带来部分经济收入，减轻家庭负担，同时也给贫困户带来发展生产的动力和希望。

　　2016年，黄覃娃在那良村租下70亩基地，与肉鸡养殖公司合作扩大规模发展肉鸡养殖，还成立了达壹养殖合作社，吸纳了7户有发展愿望的贫困户加入合作社。合作社与南宁肉鸡养殖公司合作，每星期定点提供3000只肉鸡。预计一年可养殖4批鸡，每批3万只，贫困户每户只需投入3000～5000元，采取年底分红的方式或贫困户按照要求自养、合作社统一销售的方式运行，基地养殖还可以带动贫困户就业，最大限度让利于贫困户。

　　黄覃娃说："我是那良的女儿，现在我的收入增加了，我也想让父老乡亲一起致富。"

（节选自广西新闻网，作者卢晓凤）

二、别为孩子上学的事发愁

2016年以来，广西进一步加大资金筹措力度，积极调整支出结构，全力支持推进教育精准扶贫工作，确保实现教育扶贫政策从学前教育阶段到高等教育阶段的全覆盖。2016年，广西全面落实教育扶贫优惠政策，实施了贫困户子女上学从幼儿园到高中15年全免费，组织全区48所技工院校结对帮扶54个贫困县，对贫困家庭"两后生"进行免费就业培训并推荐就业。

（一）学前教育

2016年，印发《关于做好建档立卡贫困户子女学生资助项目组织实施工作的通知》，明确从2016年秋季学期起，对全区贫困户适龄在园幼儿免除保育费和教育费。

对幼儿园因免除贫困户子女保教费导致收入减少的部分，自治区本级财政按照在园贫困户幼儿人数及每生每年1500元的标准予以补助。

建档立卡贫困户子女优惠政策

对象	阶段	优惠政策	备注
建档立卡贫困户家庭适龄幼儿	学前教育	免除保育费和教育费，每人每年补助1500元，100%纳入国家助学金资助范围	就读公办幼儿园无论是否超过1500元，都不需要交纳保教费，读民办幼儿园超过部分需要补差价

续表

对象	阶段	优惠政策	备注
建档立卡贫困户家庭适龄学生	普通高中、普通高校	●免除普通高中学杂费 ●普通高中国家助学金由每生每年2500元提高至3500元 ●普通高校国家助学金由每生每年3500元提高至4000元 ●100%纳入国家助学金资助范围	就读公办学校不用交课本费、住宿费，就读民办学校要交财政标准的差额部分

（二）义务教育

2016年，根据中央的统一部署，广西壮族自治区人民政府出台《关于进一步完善城乡义务教育经费保障机制的通知》，统一全区城乡义务教育"两免一补"政策和城乡义务教育学校生均公用经费基准定额。

小贴士

"两免一补"

"两免一补"是指农村义务教育阶段，免教科书费、免杂费、补助寄宿生生活费。

◆ 扫描二维码，获取《广西壮族自治区人民政府办公厅关于实施我区农村义务教育学生营养改善计划的意见》文件详情

（三）普通高中教育

1 免学费住宿费

普通高中免学杂费范围为全区具有正式注册学籍的普通高中在读建档立卡等家庭经济困难学生（含非建档立卡的家庭经济困难残障学生、农村低保家庭学生、农村特困救助供养学生）。普通高中免除的学杂费，包括学费、课本费（具体指自治区教育厅规定的普通高中必修课教材和限定选修课教材）和住宿费。

免学杂费补助标准分别按照自治区示范性普通高中和非自治区示范性普通高中的城市学校和农村（含县、镇）学校核定。

（1）自治区示范性普通高中免学杂费补助标准。按城市学校和农村（含县、镇）学校2个档次执行：城市学校免学杂费补助标准为每生每年2000元，其中免学费补助标准每生每年1180元，免课本费、住宿费补助标准每生每年820元；农村学校免学杂费补助标准为每生每年1800元，其中免学费补助标准每生每年1080元，免课本费、住宿费补助标准每生每年720元。

（2）非自治区示范性普通高中免学杂费补助标准。按城市学校和农村（含县、镇）学校2个档次执行：城市学校免学杂费补助标准为每生每年1600元，其中免学费补助标准每生每年790元，免课本费、住宿费补助标准每生每年810元；农村学校免学杂费补助标准为每生每年1400元，其中免学费补助标准每生每年720元，免课本费、住宿费补助标准每生每年680元。

2 国家助学金

◆ 扫描二维码，获取《广西普通高中助学金管理暂行办法》文件详情

（四）中等职业教育

1 免学费

对广西全区中等职业学校升入高等职业学校就读的家庭经济困难全日制学籍高职高专学生实施学费补助，补助期限为在高等职业院校（含高等职业学校、高等专科学校和普通本科高校）就读的高职高专年份。同时加大对高等职业院校农、林、水、地、矿、油、核等专业学生的资助力度，对到艰苦边远地区基层单位就业且服务期在3年以上（含3年），以及服义务兵役的高等职业院校学生实行学费补偿或助学贷款代偿。

2 国家助学金

◆ 扫描二维码，获取《广西壮族自治区中等职业学校国家助学金管理办法》文件详情

3 "雨露计划"扶贫助学补助

◆ 手机扫码登陆广西扶贫信息网"雨露计划"申报系统

广西将继续深入推进"雨露计划"，深化48所技工院校结对帮扶54个贫困县贫困家庭"两后生"职业培训专项计划，帮助一批贫困家庭学生就读技工院校，对参加中等、高等职业学历教育的广西农村建档立卡贫困户学生，按学制年限分学期补助，每生每学期补助1500元（其中扶

贫巾帼励志班的学生，每生每学期补助2000元）。

关于"雨露计划"

小贴士

"雨露计划"是以提高扶贫对象自我发展能力、促进就业为核心，以政府财政扶贫资金扶持为主，动员社会力量参与，通过资助、引导农村贫困家庭劳动力接受职业教育和各类技能培训、培养贫困村产业发展带头人等途径，扶持和帮助贫困人口增加就业发展机会和提高劳动收入的专项扶贫措施。

"雨露计划"主要包括四大工程：贫困家庭新生劳动力职业教育培训助学工程、贫困家庭青壮年劳动力转移就业培训工程、贫困家庭劳动力扶贫产业发展技能提升工程、贫困村产业发展带头人培养工程。

"雨露计划"的补助对象是广西农村建档立卡贫困户（含尚在2年继续扶持期内的2015年退出户、2016年脱贫户）中，接受中等、高等职业学历教育、普通高校本科学历教育的学生和参加技能培训的青壮年劳动力。

（1）"雨露计划"补助对象中，2017年参加普通高校本科学历教育并取得全日制本科学籍的新生可申请补助。本科预科生在取得本科学籍的当年可申请补助。补助标准为在享受国家教育资助政策的基础上，每生可获一次性扶贫助学补助5000元。

（2）属于2016年脱贫户学生的，可继续申请2017—2018学年秋季、春季学期和2018—2019学年秋季学期补助；属于2015年退出户学生的，可继续申请2017—2018学年秋季学期补助。补助标准为在享受国家职业教育资助政策的基础上，每生每学期可获扶贫助学补助1500元。就读于广西右江民族商业学校扶贫巾帼励志班的女学生，在享受国家职业教育资助政策的基础上，每生每学期可获扶贫助学补助2000元。

（3）参加"两广"对口帮扶职业教育协作广东招生培养模式的学生，在按照《广东省扶贫办 广东省人力资源社会保障厅 广西区扶贫办关于印发"两广"对口帮扶职业教育协作广东招生培养模式试点实施方案的通知》（粤扶办〔2015〕37号）规定享受广东补助政策的基础上，按照上述第二项"职业学历教育"规定享受广西扶贫助学补助。

（4）"雨露计划"补助对象中，参加扶贫部门主办的短期技能培训的16—60周岁的青壮年劳动力可申请补助。培训误工费补助按每人30元／天计发，由承办培训机构发给获得职业资格证书的学员。

培训班的培训时间不得少于30天，分理论授课和实践技能培训课，培训具体时间按职业工种规定的课时安排。扶贫部门按每人每期3000元的标准结算培训经费给培训机构，人数以考取职业资格证的学员数量为准。

（5）"雨露计划"补助对象参加农村实用技术培训，每人可获得50元/天的补助。

关于2018年的申请审批流程，可参考2017年的相关文件，也可登录相关部门网站了解最新情况。

（五）高等教育

1 新生入学路费资助

广西从2006年起设立家庭经济困难大学新生入学补助项目，安排专项资金用于资助贫困新生上学路费及短期生活费。考上广西区内院校每人一次性资助500元，广西区外院校每人一次性资助1000元。

2 生源地信用助学贷款

生源地助学贷款是金融机构向学生入学籍所在地区的家庭经济困难的学生发放的助学贷款。学生和家长（或其他法定监护人）为共同借款人，共同承担还款责任。学生可向当地县级教育行政部门咨询具体申请办理生源地信用助学贷款的事宜。助学贷款呼叫中心的电话是95593，电话咨询时间：周一至周五上午8:30—11:30、下午13:30—17:30。

致富编

>>>

产业：
融合新发展

村村通公告栏

党的十九大报告提出，农业农村主要做好以下几个方面工作：

1 坚持农业农村优先发展，按照产业兴旺、生态宜居、乡风文明、治理有效、生活富裕的总要求，建立健全城乡融合发展体制机制和政策体系，加快推进农业农村现代化。

2 构建现代农业产业体系、生产体系、经营体系，完善农业支持保护制度，发展多种形式适度规模经营，培育新型农业经营主体，健全农业社会化服务体系，实现小农户和现代农业发展有机衔接。

3 促进农村第一产业、第二产业、第三产业融合发展，支持和鼓励农民就业、创业，拓宽增收渠道，培养造就一支懂农业、爱农村、爱农民的"三农"工作队伍。

一、绿色生产是发展的出路

（一）少用、慎用农药

农药的使用直接影响到农产品的质量安全和破坏生态环境。长期食

用含有农药的蔬菜、水果等，会导致农药在身体里不断累积，引起慢性中毒，触发多种慢性疾病以及免疫力下降等。另外，过量施用的农药会随灌溉用水、雨水流失入河造成河流污染，从而对渔业养殖产生很大的危害。因此，提醒农民朋友要少用、慎用农药，要科学合理施用农药。

1 减少农药用量的窍门

（1）农民朋友可以进行合理的轮作倒茬，例如，茄果类蔬菜与葱蒜类蔬菜轮作，不仅明显减轻病害，而且有助于增产丰收。

（2）农民朋友要及时清除病株残体、病果、杂草，并且将其集中销毁深埋，切断污染传播途径。

（3）尽量降低田间的湿度，由于病菌在湿度大的情况下会大量繁殖，危害蔬菜。降低田间的湿度，可以减少病害的发生。

（4）种植蔬菜可以使用配方肥，且主要以增施腐熟好的有机肥为主，配合施用磷肥，控制氮肥的施用量，生长后期可使用硝态氮抑制剂双氰胺，防止蔬菜中硝酸盐的积累和污染。

（5）在棚室通风口设置防虫网，以防白粉虱、蚜虫等害虫的入侵，减少虫害的侵染。

2 施用农药的注意事项

（1）对症下药。

市场上的农药种类很多，而且每一种药剂都有不同的杀虫特点，只有选对药、用好药才能将害虫消灭。比如，恶霜灵能防治瓜果腐霉病、番茄晚疫病、黄瓜霜等卵菌病害，但对其他类型真菌却没有效果。在害虫防治时，要根据害虫种类、发育阶段、生活习性、作

◆ 杀虫剂让害虫无处藏身

物对药剂的敏感性等特点，选择有效无害的药剂，这是合理用药的关键。

（2）适时施药。

害虫在不同的发育阶段，对药剂的抗性是不一样的。一般低龄幼虫的抗药能力最差，特别是钻蛀性的害虫如食心虫、玉米螟等低龄幼虫在作物表面时，是防治的最佳时期。对于一些保护性药剂，更要注意用在病菌大量侵染之前，因为它们对已经侵入的病菌是无效的。

◆ 喷洒农药要环保，多收稻谷效果好

（3）讲究方法。

目前，低容量、超低容量喷雾防治危害作物体表的害虫，比常规喷雾节省时间且效果好；施用颗粒剂或药剂闷种防治地下害虫，既比喷药的方法节省时间、效果好，又可以减少农药飘移等问题的产生；用内吸剂涂茎或根区施药的方法防治害虫，具有节省时间、减少药量、保护天敌等优点。另外，喷洒的器具要精良，药剂要到达病虫害发生和可能造成侵染的部位。在虫害大面积流行时，可以采用高效机动喷雾，甚至使用飞机喷洒作业等。

◆ 稻田上空飞来植保无人机

（4）适量用药。

在施药过程中，要注意农药的用量和次数，如药量少则达不到防治的目的，药量多则易产生药害和浪费。连续多次使用同一种药剂，抗性会迅速增加，农民朋友可以采用、轮用、混用不同类型的药剂来提高防治效果。

辨别农药真假的方法

目前，市场上存在销售假农药的现象，以下几种方法有助于农民朋友快速地辨别农药真假。

①农药名称不规范，如"地虫鸟""地虫统杀"等名称，必须引起注意。

②农药商标应当标注在标签的边或角，含文字的，其单字面积不得大于农药名称的单字面积。

③除登记申请的单位名称外，不得标注其他任何机构的名称。

④农药的保质期一般为两年，而且标签上应注明生产日期或批号、联系方式等。

⑤注意"无害""无残留""保证高产"等夸大产品性能和功效，含有不科学表示功效的断言或保证。

如果在购买农药时遇到上述情况的，要多加留意，仔细辨别其真伪，并及时向农业执法部门举报，或者登陆中国农药信息网进行查询。

中国农药信息网网址：http://www.chinapesticide.gov.cn

小贴士

（二）生态肥料好处多

以前，农民朋友常说："种地不上粪，全是瞎胡混。"现在，由于受到化肥的冲击，农民朋友很少使用农家肥来种植，有的甚至不用，完全使用化肥。化肥开始使用时确实对增加作物产量起到明显的作用，但是一旦使用过量，会导致土壤板结，土壤透气性、保水性差，土壤有机质含量下降，水果、蔬菜失去本来的香味，甚至会造成环境污染。

采用由谷糠，杂草，人、畜、禽粪便，作物秸秆（切碎），茎叶，锯末木屑，食用菌基质残渣和饼粕等制作的生态肥料，富含多种功能性微生物和丰富的微量元素，可以改良土壤结构，对作物生长起到营养供给、调理和保健作用，也可以减少生产成本，提高农产品品质，减少对环境的损害。

在农业生产中，农民朋友要科学合理的利用禽畜粪肥，因为禽畜粪肥中含有丰富的有机质和作物所需要的各种营养元素，对增加作物产量和提高土壤肥力具有良好的作用。粪肥虽然对土壤改良有一定的效果，但是如果没有进行腐熟发酵，不仅得不到理想效果，反而会带来负面影响，如烧根烧苗、产生毒气危害、土壤缺氧、土壤盐渍化、肥效缓慢等。下表主要为各类禽畜粪肥特点及用途。

小贴士

各类禽畜粪肥特点及用途

种类	特点	用途
猪粪	腐殖质含量高，保肥力强，容易被微生物分解释放养分，劲柔、后劲长，但含水量较多	烘干做饲料或者生产沼气的原料，用于养鱼或发酵后养蛆等
牛粪	有机质和养分含量较低，分解慢，发热量低，属冷性肥料	建沼气池，生产有机肥，用于养蚯蚓等
羊粪	粪质细密干燥，肥分浓厚，有机质含量比其他畜粪多，属于温性肥料	养花、种牧草、种茶等
鸡粪、鸭粪、鹅粪、鸽粪等	养分含量较家畜粪尿高，且养分比较均衡，是容易腐熟的有机肥料，但粪中氮素以尿酸态为主，而尿酸不能直接被作物吸收利用，并且对作物根系生长有害	种植果树，用作生产沼气的原料等

（三）诱杀害虫有绝招

还在为自家的瓜果蔬菜遭受虫害而担心吗？以下几种诱杀害虫的方法，在防治蔬菜虫害的同时可以减少化学农药使用量、降低农药残留和降低成本、提高农产品质量，农民朋友不妨试试。

1 性诱杀害虫

由于不同害虫的飞行特点不同，农民朋友可以用长10厘米、直径为3厘米的圆柱形笼子，每个笼子里放两只未交配的雌蛾，也可以用成品性引诱剂，把笼子吊在水盆上，水盆内盛水并加入少许煤油，在黄昏后放于田中，一个晚上可诱杀很多雄蛾。

2 灯光诱杀害虫

大多数害虫都具有较强的趋光性，特别对紫外线敏感。农民朋友可以将频振式杀虫灯吊挂或以其他方式固定放置在田间，吊挂高度为高于作物约1.2米，每盏灯控制范围约50亩，灯在田间呈棋盘状分布。每年3月开始安装使用，至11月不使用时收回室内存放。注意定期维护灯具，清理收集害虫，以确保使用效果和延长灯具寿命。

3 色诱杀害虫

利用害虫成虫对黄色具有强烈的趋性，使用特殊的高效黄色黏虫板诱杀成虫，主要用于塑料大棚种植蔬菜。对低矮生蔬菜和作物，应将黏虫板悬挂于距离作物15～20厘米的地方。对搭架蔬菜应顺行，使黏虫板垂直挂在两行中间植株中上部或上部。一般以每亩悬挂30片为宜。当黏虫板黏满害虫时，可用水冲掉，然后再悬挂，一般可反复使用2～3次。效果不佳时，应更换黏虫板。

4 糖醋液诱杀害虫

农民朋友可以准备糖6份、酒1份、醋2~3份、水10份，加入适量的杀虫剂形成糖醋液，可诱杀地老虎、斜纹夜蛾、黏虫等。将配好的糖醋液放在盆里，保持3~5厘米深，每亩放一盆，盆要高出作物30厘米。连续诱杀15天，效果会更好。

5 毒饵诱杀害虫

农民朋友可以将糠麸、豆饼粉碎炒香，加入适量的杀虫剂，可诱杀蝼蛄、地老虎等地下害虫。在地老虎幼虫发生期，可以采集新鲜嫩草，均匀喷上杀虫剂，在傍晚放置于被害植株旁和撒于作物行间进行诱杀。

6 杨柳枝、榆树枝诱杀害虫

农民朋友可以将长约0.5米的枯萎杨柳枝、榆树枝，每10根捆成一束，蘸上杀虫剂，一端绑木棍插入地下，每亩插5~10捆，可以诱杀黏虫、斜纹夜蛾等成虫。

		禁止使用的农药	
小贴士	序号	农药名称	备注
	1	六六六、滴滴涕、毒杀芬、二溴氯丙烷、杀虫脒、二溴乙烷、除草醚、艾氏剂、狄氏剂、汞制剂、砷类、铅类、敌枯双、氟乙酰胺、甘氟、毒鼠强、氟乙酸钠、毒鼠硅、甲胺磷、甲基对硫磷、对硫磷、久效磷、磷胺、苯线磷、地虫硫磷、甲基硫环磷、磷化钙、磷化镁、磷化锌、硫线磷、蝇毒磷、治螟磷、特丁硫黄、氯磺隆、福美肿、福美甲肿	

续表

序号	农药名称	备注
2	胺苯磺隆、甲磺隆	单剂产品自2015年12月31日起禁止使用，复配制剂产品自2017年7月1日起禁止使用
3	三氯杀螨醇	自2018年10月1日起禁止使用

限制使用的农药

序号	农药名称	备注
1	甲拌磷、甲基异柳磷、内吸磷、克百威、涕灭威、灭线磷、硫环磷、氯唑磷、水胺硫磷、灭多威、氧乐果、硫丹、杀扑磷	禁止在蔬菜、果树、茶树、中草药材上使用，禁止用于防治卫生害虫
2	三氯杀螨醇、氰戊菊酯	禁止在茶树上使用
3	丁酰肼（比久）	禁止在花生上使用
4	氟虫腈	除卫生用、玉米等部分旱田种子包衣剂用以外，禁止在其他方面使用
5	毒死蜱、三唑磷	自2016年12月31日起，禁止在蔬菜上使用
6	氟苯虫酰胺	自2018年10月1日起，禁止在水稻上使用
7	克百威、甲拌磷、甲基异柳磷	自2018年10月1日起，禁止在甘蔗作物上使用

购买农资注意事项

近年来，不少商贩销售假冒伪劣农资。农民朋友在购买农业运输机械、生产及加工机械、农药、种子、化肥、农膜等农资时要慎重，需要注意以下几个方面：

①不要贪小便宜，要到有固定场所及证件齐全的农资经营单位或销售点购买，千万不要轻信走村串户的推销者。

②购买农资时要注意查看包装标志是否规范，产品包装上是否标明产品名称、商标、生产日期、保质期、合格证及产品使用说明、厂名、厂址等信息。

③不要只顾爱面子，应该坚持索要发票，并留存包装袋。

④不要只凭"经验"，使用前要仔细阅读产品上面的说明书。

⑤出现问题时要及时向有关部门投诉，采取补救措施，避免更严重的损失。

延伸阅读

二、产业融合致富快

（一）产业跨界融合互动

桂林市兴安县是华南地区最大的鲜食葡萄产区，也是全国优质葡萄生产基地，享有"南方吐鲁番"之美誉。当地农民经过近年来的不断摸索和实践，总结出一套巨峰葡萄新品种栽培、现代电商销售的模式，有效地促进第一产业、第三产业的跨界融合发展，取得了较好的经济效益，很多果农建起"葡萄楼房"，走上脱贫致富之路。

注重新品种的栽培。以前，兴安县普遍栽培夏黑、巨峰等传统葡萄品种。2001年起，农民开始意识到选种小众且栽培难度较高的品种更能满足市场的需求，于是他们选择走差异化的发展路线，开始选种美人指葡萄、温克葡萄、红玫瑰葡萄、阳光玫瑰葡萄、金手指葡萄等新品种。由于新品种的葡萄外观漂亮、果实大、口感好、收益高，不仅在我国内地市场热销，甚至卖到了香港。农民人均纯收入不断增加。

绿色食品标准种植。农民注册葡萄商标，成立了专业合作社，由合作社统一采购生产资料，统一提供管理、技术和销售服务，合作社不断带领农民致富。合作社的葡萄种植面积不断扩大，而且通过学习新知识、新技术，推广应用了一系列葡萄种植、管护的新技术。农民均按照绿色食品标准种植。

不断扩大产业链。当地农民种植酿酒葡萄，通过到外地葡萄酒厂考察学习，开始酿葡萄酒。有些农民购买了破碎机、果汁分离机、压榨机、发酵罐、储酒罐等全套葡萄酒加工设备，酿制葡萄酒。经过专家指导以及相关部门的质量检测，他们酿出来的葡萄酒达到了相关标准。

网络销售有渠道。当地种植的葡萄大多通过电商平台销往外地。有些农民还开设公众号，利用微信、微博等新技术手段展示和销售自家种植的葡萄，把葡萄从田头送到消费者餐桌，而且接受顾客的线上订单并提供配送服务。

致富经验：①国家促进产业融合发展，农民朋友可以利用国家的各项优惠政策，注重对自家生产的特色农产品的新品种进行栽培，发挥创造性，满足市场不同的需求；②通过学习新技术、新知识，推广绿色标准化的种植，依靠合作社，不断扩大农产品的种植面积；③通过网络销售，把特色农产品销售出去，为消费者提供更加便捷的服务。只有这样，才能让更多样化、更优质的农产品飞入寻常百姓家，农民朋友的生意才会越做越大，生活也才会越来越红火。

◆ 消费者餐桌上美味的葡萄酒

（二）休闲旅游农业融合

近年来，恭城瑶族自治县莲花镇朗山村古民居生态园种满了月柿、无花果、百香果、甜瓜等瓜果蔬菜，培育和养殖竹林鸡、鲤鱼、草鱼、罗非鱼等农产品，还利用当地古民居建筑群的历史文化资源，吸引了无数游客来观光旅游和选购当地的农产品。该生态园通过发展餐饮娱乐、果蔬观光采摘、特色养殖等休闲农业、乡村旅游，吸纳了更多人就业，带动了当地农民增收致富，提升了该县的经济效益和社会效益。

致富经验： 在建园初期，当地农民不但自愿以每股3万元的本金入股朗山村古民居生态园建设，而且还利用自己的土地、劳动力等灵活的方式抵值入股。有些村民还在园内的餐饮区做服务员，或在园区内从事种植、养殖工作。他们的土地每亩年租金400元，做工每天包两餐，每月工资按1200元计算，农民收入不断增加。该生态园通过休闲农业与乡村旅游结合的方式，贫困户成为生态园股东之一，让当地农民成为直接受益者，带动了农民脱贫致富。

三、现代农业为农民保驾护航

（一）现代农业示范区

广西农垦永新源生猪健康养殖（核心）示范区被认定为广西壮族自治区级示范区，建设单位为广西农垦永新畜牧集团，建设面积3.86万亩。示范区主要发展生猪养殖产业以及葡萄、沃柑等休闲农业产业，创建"猪—沼—蔗—糖—游"全产业链。示范区生猪养殖的核心品牌是"永新源"，消费者通过包装上的信息追溯码，可以查询到猪肉的产地、品种、出栏、免疫情况，养殖阶段负责人、屠宰时间及地点、检疫合格证号、运输车辆消毒证号等信息。近年来，"永新源"品牌生猪荣获了中国品牌猪、广西名牌产品等称号，成为消费者心目中的放心肉品牌。

致富经验：由于永新畜牧集团实行"公司＋标准化合同育肥"产业化经营模式，示范区的养殖生产全程标准化，吸引了很多养殖农户成为集团健康生猪养殖的"编外饲养员"。农民借助集团的专业实力，与示范区的良圻原种猪场合作，再也不用担心市场猪肉价格的风险，也不需要操心怎么建猪舍、买猪苗、防疫病、卖肥猪等事情，全程有公司技术人员的指导和把关。农民找到了科学养猪致富的方法，既避开了养殖风险，又能获得稳定的收入。农民通过扩大养猪经营规模，顺利搭上现代养殖"快车"，实现了脱贫致富。

（二）农业品牌价值

农业部将2017年定为农业品牌推进年，这对农业行业、农业品牌推

进工作具有重大意义。广西农业品牌也取得了较好成绩，横县茉莉花、百色杧果、梧州六堡茶、桂林罗汉果等一批标志性产品畅销全国，销售量和销售额快速攀升，有力推动了农民增收。

南宁市横县是全国最大的茉莉花生产基地，全县种植面积达10万亩，花农33万人，年产鲜花8万吨，茉莉鲜花产量占全国总产量的80%以上。横县茉莉花茶和茉莉花均登上2016年中国品牌价值榜。原来横县农民朋友是通过茉莉花成功致富的。

绿色种植迎合市场。横县茉莉花因花蕾大、产量高、质量好、香味浓而著名。为了种植更香、更多、花期更长的茉莉花，农民跟着市场走，开展大规模茉莉花低产改造，推广标准化种植，实现无公害栽培。农民借助大企业对花田进行水肥一体化改造，使每年花期延长40天，错开了其他产地的花期销售，只要保持每天每亩4～10公斤鲜花产量，农民就可以每亩增加3600元以上的收入。由于合作社向农户承诺包回收茉莉花，农民平时采收茉莉花销售，又能在一年后出售茉莉花苗，实现了双重效益。

重新塑型创造价值。横县茉莉花的品牌价值不断扩大，产业链不断延长，新产品开发层出不穷。当地农民利用已经废弃的茉莉老树重新塑型，半个月施一次肥，前期施化肥使其快速长枝，中后期施农家肥使花叶翠绿、花苞洁白，茉莉花盆栽越种越繁盛、越种越美。茉莉老树制作成的盆景在网上出售，价格可达几千元，而且远销全国各地，实现农民增收。

致富经验：农民朋友可以借助当地农产品的品牌优势，通过种植适合目前市场上需要的农产品，跟着市场走，市场需要什么，就种植什么。在当地原有的特色农产品品牌中，发挥想象力，对农产品进行重新设计或改造，使农产品品牌发挥更有用的价值，从而为自己创造更多的财富。

（三）农业信息化服务

1 益农信息社

益农信息社是农业部信息进村入户工程的重要载体，通过将农业信息资源服务延伸到乡村和农户，提高农民的现代信息技术应用水平，实现农民不出村就可以享受到便捷、经济、高效的生产生活信息服务。

2017年1月，广西第一家益农信息社——百色市田林县丰防村益农信息社正式开通。丰防村益农信息社以"互联网+"为依托，是由中国电信公司和田林县政府联合建设的村级服务站。

益农信息社可以帮助农民朋友解决以下困难：

①学习不出村。农民朋友可以在益农信息社学习农业新技术、新品种、新产品培训以及相关政策等知识。

②购物不出村。农民朋友可以在益农信息社购买农业生产资料和生活用品等物资，如种子、农药、化肥、农机、农具、家电、衣物等。

③销售不出村。农民朋友可以在益农信息社信息员的培训下，在电子商务平台上销售当地的大宗农产品、土特产、手工艺品等，出售休闲农业旅游预订服务，发布各类农产品供应消息。

④创业不出村。自主创业的农民朋友可以在益农信息社获得最新的创业信息，在信息员的指导中解决创业过程中遇到的相关问题等。

⑤缴费不出村。农民朋友可以不出村、不出户，通过益农信息社办理缴话费、水电费、电视费等事项。

您好，请问您有什么需要帮助的吗？

能不能帮我查一下有没有到南宁的火车票？

好的，请稍等。请问您从哪儿上车啊？

在田林县坐车。

到南宁，是吧？就这几天的？

是啊，就这几天的。

② 广西农产品贸易网

广西农产品贸易网是由广西壮族自治区农业厅开设的，主要展示广西各类特色农产品信息，发布各类产品供求信息等。农民朋友可以在广西农产品贸易网了解最新农产品供求信息，把自家的土特产放在广西农产品贸易网上展示和推销。

广西农产品贸易网网址：

http://www.gxape.com.cn

广西农产品贸易网二维码 ——→

全国农民培训的小帮手

小贴士

以前，农民要参加政府组织的相关培训，往往需要走很远的路到固定的农业站或者其他场所。现在，农业部推出一款小程序——全国农民手机技能培训，通过"全国农民手机技能培训"，农民可以看到关于培训活动的预告、在线学习手机应用技能、获取农业相关的资讯，还能参与各类互动活动，如"接力达人""有奖问答""我为家乡代言"等。

方法一：在微信客户端最上方的搜索窗口，搜索"全国农民手机技能培训"，点击下方"搜一搜"就能获取并访问这个小程序。

方法二：从微信客户端"发现—小程序"里搜索"全国农民手机技能培训"。

（四）"三品一标"

"三品一标"是无公害农产品、绿色食品、有机农产品和农产品地理标志的统称。

"三品一标"认证看这里：

无公害农产品是指产地环境、生产过程、产品质量符合国家有关标准和规范要求，经认证合格获得认证证书并允许使用无公害农产品标志的未经加工或者初加工的食用农产品。

绿色食品是遵循可持续发展原则，按照特定生产方式生产，经专门机构认定，使用绿色食品标志的安全、优质食品。	
有机农产品是根据有机农业原则和有机农产品生产方式及标准生产、加工出来的，并通过有机食品认证机构认证的农产品。	
农产品地理标志是指标示农产品来源于特定地域，产品品质和相关特征主要取决于自然生态环境和历史人文因素，并以地域名称冠名的特有农产品标志。	

四、惠农补贴政策

（一）规模经营补贴

支持对象： 全年水稻、马铃薯种植面积达到50亩（1亩约为667平方米，下文同）以上的种粮大户、家庭农场、农民专业合作社、农业社会化服务组织等规模经营主体。"谁多种粮食，就优先支持谁"，在一个县（市、区、自治县）区域内新型经营主体作为补贴对象需达到的主要粮食作物种植面积最低门槛：种粮大户50亩，家庭农场50亩，农民专业合作社300亩，直接从事粮食种植的农业产业化龙头企业等500亩。

支持方式： 主要有重点支持建立完善农业信贷担保体系，对粮食适度规模经营主体直接从事粮食生产、加工、储藏方面获取的贷款予以贷款贴息补助，对重大技术推广与服务进行补助。

请问今年国家对种植业有哪些补贴？补贴标准是怎样的？

国家对水稻、玉米、棉花、马铃薯、糖料作物、油料作物等进行补贴。省级财政至少补贴25%，中央财政再对中西部地区补贴40%；对纳入补贴范围的中央直属垦区、中国储备粮管理总公司、中国农业发展集团有限公司等（以下统称中央单位），中央财政补贴65%。

保险金额是多少？

保险金额主要是保险标的生长期内发生的直接物化成本，包括种子、化肥、农药、灌溉、机耕和地膜等成本。

操作办法及补助标准：粮食适度规模经营资金由广西财政部门根据各地粮食播种面积、粮食新型经营主体、粮食规模化种植面积等因素测算下达，由各市、县（区、自治县）据国家和广西规定的用途，结合本地区实际统筹安排使用。各市、县（区、自治县）可自行选择具体支持方式，并确定操作办法、补助标准。采取农业信贷担保、贷款贴息支持方式的市、县（区、自治县）要单独编制具体实施细则。

负责部门：由财政部门牵头，农业部门配合。

（二）畜牧良种补贴

补贴范围：生猪良种补贴、肉羊良种补贴在项目县（市、区、自治县）实施，奶牛、肉牛良种补贴实行全覆盖。

补贴对象：使用良种精液开展人工授精的母猪、奶牛（含荷斯坦牛、奶水牛、娟姗牛）、肉牛、母牛养殖场（小区、户），以及存栏能繁母羊30只以上的养殖场（户）。

补贴标准：生猪良种补贴按每头能繁母猪每年使用4份精液，每份精液补贴10元。荷斯坦牛、娟姗牛按每头能繁母牛每年使用两剂冻精，每剂冻精补贴15元。奶水牛按每头能繁母牛每年使用三剂冻精，每剂冻精补贴10元。肉牛良种补贴按每头能繁母牛每年使用两剂冻精，每剂冻精补贴5元。肉羊良种补贴按每头种公羊一次性补贴800元。

补贴方式：生猪、奶牛、肉牛良种补贴由供精单位按照补贴后的优惠价格向养殖者提供良种精液。肉羊良种补贴由供种单位按补贴后的优惠价格向养殖者提供种公羊。

办理程序：

生猪良种补贴由广西畜牧部门根据《广西生猪良种补贴项目良种猪精

生产供应管理办法》（桂渔牧发〔2009〕85号），评定供精单位，公布供精种公猪。项目县（市、区、自治县）从入选的供精单位中确定供精单位。供精单位按照补贴后的优惠价格向养殖者提供良种精液。县（市、区、自治县）财政部门根据良种猪精采购合同及供精单位提供的有关凭证，与供精单位结算补贴资金。

奶牛、肉牛良种补贴由自治区畜牧部门在农业部确定的冻精生产单位和入选种公牛中，进行招标采购确定供精单位。中标的种公牛站按照补贴后的优惠价格向养殖者提供精液。自治区财政部门根据采购合同、销售发票和冻精出入库凭证与种公牛站进行结算。

请问今年国家对养殖业有哪些补贴？补贴标准是怎样的？

国家对奶牛、能繁母猪、育肥猪等养殖业补贴。省级及省级以下财政至少补贴30%，中央财政再对中西部地区补贴50%；对中央单位，中央财政补贴80%。

保险金额是怎么计算出来的？

保险金额是指保险标的生理价值，包括购买价格和饲养成本。

肉羊良种补贴由广西畜牧部门组织专家对种羊场进行评定，对种公羊进行鉴定后，公布入选种羊场名单。需引进种公羊的业主向县级畜牧部门提出申请，获得同意后到入选种羊场引种。种公羊引进后，经县级

畜牧部门组织人员现场清点验收，在引进种公羊的村的公共场合张榜公示享受畜牧良种补贴政策的详细信息，包括受益养殖户姓名、享受补贴畜种及数量、财政补贴标准及金额、监督电话等。省级财政部门根据验收材料、销售发票与供种单位结算补贴资金。

（三）农机购置补贴

补贴对象：补贴对象为直接从事农业生产的个人、规模种养大户和农业生产经营组织。上述所称个人，是指农牧渔民，农场、渔牧场、林场职工，以及直接从事农业生产的其他居民等自然人；农业生产经营组织是指农民专业合作社、家庭农场、育秧中心（工厂），以及从事农业生产经营的农业企业。农民专业合作社包括农机、种植、养殖、林业、植保、加工包装等各种类型的合作社。从事农业生产经营的农业企业包括农作物耕作、种植、统防统治、收获、收获后处理和农产品初加工公司（含农垦、司法系统农场和制糖企业）等。

补贴标准：同一种类、同一档次农业机械在广西内实行统一定额补贴。详细信息可上网查询《关于公布广西2015—2017年农业机械购置补贴机具补贴额一览表（2016年调整）的通知》（桂农机管〔2016〕13号）。

登陆"广西壮族自治区农业机械购置补贴辅助管理系统"网站，查询申请购机补贴金额、查询补贴产品等。

广西壮族自治区农业机械购置补贴辅助管理系统网站：http://116.252.38.114/。

广西农机购置补贴监督政策咨询电话：0771-5625094。

举报电话：0771-5625214。

农机用户丢失三包凭证，还能享受三包服务吗

小贴士

《农业机械产品修理、更换、退货责任规定》第二十五条规定，农机用户丢失三包（包修、包换、包退）凭证，但能证明其所购农机产品在三包有效期内的，可以向销售者申请补办三包凭证，并依照本规定继续享受有关权利。销售者应当在接到农机用户申请后10个工作日内给予补办。销售者、生产者、修理者不得拒绝承担三包责任。

由于销售者的原因，购机发票或三包凭证上的农机产品品牌、型号等与要求三包的农机产品不符的，销售者不得拒绝履行三包责任。

在三包有效期内发生所有权转移的，三包凭证和购机发票随之转移，农机用户凭原始三包凭证和购机发票继续享有三包权利。

（内容转载自：农村法治网）

（四）林业补贴

1 新一轮退耕还林补贴政策

补助对象：退耕农户。

补助标准：退耕还林每亩补助1600元，5年分3次兑现，第一年900元（其中种苗造林费400元）、第三年300元、第五年400元。

退耕地类：广西新一轮退耕还林实施范围的地类包括以下7种：①坡度25°以上非基本农田坡耕地；②由基本农田调整为非基本农田的坡度25°以上坡耕地；③重要水源地坡度15°~25°非基本农田坡耕地；④第二次土地调查成果耕地范围外坡度25°以上实际耕作地（含石山裸地）；⑤坡度25°以上非基本农田梯田梯地；⑥易地扶贫搬迁、库区移民搬迁后腾退出来的非基本农田耕地；⑦严重污染耕地。

2 农村有机垃圾户用处理沼气池项目补贴政策

补贴对象及范围：当年有该项目计划任务的县（市、区、自治县）。重点支持边远贫困山区、建池积极性高、有沼气发酵原料的农户。

补助标准：农村有机垃圾户用处理沼气池，每户补助2450元。

3 政策性森林保险保费补贴政策

补贴范围：申请纳入保险范围的农民林业专业合作组织、造林大户、林业企事业单位以及林农。

保险对象：生长和管理正常的公益林、商品林。

保险金额：公益林每亩每年500元，商品林每亩每年800元。

保险费率：公益林3‰，即每亩保费1.5元；商品林3.5‰，即每亩保费2.8元。

保费补贴：公益林保险保费由财政全额补贴；商品林保险保费由农户承担20%，财政补贴80%。

4 农林优势特色产业扶持资金项目补贴政策

补贴对象：专业大户、家庭农（林）场、农民专业合作组织、农（林）业企业、农业园区管理者以及农业生产服务企业等市场经营主体，自治区级承担农业技术推广等工作的事业单位。

广西补助采取以奖代补和贷款贴息方式，具体补助范围、补助标准、补助条件及补助资金额度等根据申报情况、评审结果等因素确定。实行以奖代补方式支持的项目，每个项目的单次补助标准原则上不超过200万元。实行贷款贴息方式支持的项目，贴息补助比例最高不超过同期人民银行公布的贷款利率80%，且单个支持对象当年贴息补助总额不超过100万元（广西对54个贫困县的2017年粮食及农林优势特色产业扶持资金项目切块下达，由贫困县结合当地脱贫攻坚产业扶贫任务组织申报和安排）。

5 林业贷款中央财政贴息政策

贴息对象及范围：

（1）各类经济实体营造的生态林（含储备林）、木本油料经济林、工业原料林贷款。

（2）国有林场、重点国有林区为保护森林资源、缓解经济压力开展的多种经营贷款，以及自然保护区、森林（湿地、沙漠）公园开展的生态旅游贷款。

（3）林业企业、林业专业合作社等以公司带基地、基地连农户（林业职工）的经营模式，立足于当地林业资源开发、带动林区和沙区经济发展的种植业以及林果等林产品加工业贷款。

（4）农户和林业职工个人从事的营造林、林业资源开发贷款。

贴息率：中央财政年贴息率为3%。

贴息期限：林业贷款期限采取一年一贴、据实贴息的方式，对贴息年度（上一年度1月1日至12月31日）之内存续并正常付息的林业贷款，按实际贷款期限，按月计算贴息，对贴息年度内贷款期限不足1月的林业贷款，按贷款实际天数计算贴息。

6 相关税收优惠政策

（1）根据《中华人民共和国企业所得税法》及其实施条例和《中华人民共和国增值税暂行条例》的有关规定，从事种植业、养殖业、林业、畜牧业、水产业的单位和个人销售的自产初级农产品免征增值税。

（2）根据《中华人民共和国营业税暂行条例》及其实施细则有关规定，对农林牧渔业机耕、排灌、病虫害防治、技术培训，家禽、牲畜、水生动物的配种和疫病防治收入免征营业税；对企业"公司+农户"的经营方式中，农户代饲养禽畜取得的收入免征营业税。

（五）耕地地力保护补贴

补贴对象： 所有拥有耕地承包权的农户。不予补贴的情况：对已被非农征用、退耕还林（还草）、挖塘养鱼、畜禽养殖、发展林果业、绿化景观建设、成片粮田转为设施农业用地等已改变用途的耕地，长年抛荒地，占补平衡中"补"的耕地但质量未能通过验收确认的耕地等，不予补贴。

补贴面积： 补贴资金原则上与农户承包耕地面积挂钩。县（市、区、自治县）农户补贴面积原则上以农村土地承包经营权确认登记面积为基础；对尚未整县（市、区、自治县）确权到户的耕地，以二轮承包面积、计税耕地面积、粮食种植面积等其中一种类型面积为基础，具体以哪一种类型面积为依据，则由县人民政府结合本地实际确定。

补贴标准： 同一年度在县域内执行统一的补贴标准。各县（市、区、自治县）根据广西下达补贴资金总量和全县（市、区、自治县）农户补贴面积测算确定。

补贴方式： 补贴资金实行专户管理，并通过"一卡（折）通"直接补贴到户。各乡镇、村在规定的时间内采集农户信息，对补贴面积进行核实、公示、汇总、上报，并将有关数据录入"中国农民补贴网"。经乡镇级、县级逐级审核后，从补贴网上导出农户信息及补贴资金清单，交金融机构发放补贴资金。

办理部门：各县（市、区、自治县）财政部门牵头，农业部门、乡镇人民政府配合。

（六）农业保险保盈补贴

补贴对象：

（1）中央财政补贴险种：广西已开展水稻、糖料蔗保险的市、县（市、区、自治县）种植户。

（2）地方财政补贴险种：广西已开展地方特色险种（香蕉、柑橘、火龙果、杧果、葡萄、荔枝、龙眼、桑蚕）的市、县（市、区、自治县）种养户。

补贴标准：

（1）中央财政补贴险种：财政补贴80%，农民负担20%。其中，水稻保险费每亩25元（财政补贴20元，农民负担5元），保险金额每亩500元；糖料蔗保险费每亩24元（财政补贴19.2元，农民负担4.8元），保障金额每亩600元。

（2）地方财政补贴险种：财政补贴80%，农户负担20%。各地方特色险种保费补贴金额详见下表：

险种名称	每亩（张）保费金额（元）	每亩（张）保障金额（元）	每亩（张）财政补贴金额（元）	每亩（张）农户负担金额（元）
香蕉	100	1000	80	20
柑橘	60	700	48	12
火龙果	60	1000	48	12
杧果	60	1000	48	12
龙眼	60	1000	48	12

续表

险种名称	每亩（张）保费金额（元）	每亩（张）保障金额（元）	每亩（张）财政补贴金额（元）	每亩（张）农户负担金额（元）
荔枝	60	1000	48	12
葡萄	60	1000	48	12
桑蚕	42	700	33.6	8.4

注：上述数据中，除了桑蚕是用"张"作为计算单位外，其他均用"亩"作为计算单位。保障金额指遇险后的最高理赔金额。

办理程序：拟参保农户与当地承保机构或本村农业保险协保员联系办理投保，承保机构确认投保后开具保单。保险期内如出险，参保农户直接拨打承保机构服务电话，经承保机构查勤定损后将理赔金额划至投保时预留的参保户银行卡中。

办理部门：广西政策性农业保险由中国人民财产保险股份有限公司、太平洋财产保险股份有限公司、北部湾财产保险有限公司承保。

（七）农业补贴项目及申领

1 农业补贴项目

2017年，我国对农业相关项目给予适当的补贴，见下表。

国家对农业补贴项目及金额

序号	项目名称	补贴金额
1	资源节约与环境保护中央预算内投资备选项目	项目总投资的10%左右
2	现代农业示范项目	200万~2亿元
3	国家农业产业化示范基地项目	300万元
4	扶持"菜篮子"产品生产项目	300万元以内
5	良种繁育、优势特色种植项目	100万~500万元
6	农业机械购置补贴（种植机械）	项目总投资的30%左右

续表

序号	项目名称	补贴金额
7	现代种业提升工程农作物种子项目	800万～1500万元
8	农业综合开发林业专项	120万元
9	农业综合开发土地治理项目	500万元
10	国家中药材生产扶持项目	100万～300万元
11	"一县一特"产业发展试点项目	300万～500万元
12	耕地保护与质量提升	80万～120万元

❷ 农业补贴申领

2017 年，农业补贴申领有两种形式：一是通过惠民"一卡（折）通"发放给农民；二是农民可以在特定时间内到相应部门进行申报。

延伸阅读

广西农业供给侧改革

2017 年，广西筹措安排 47.46 亿元支持农业生产发展，主要用于：支持耕地地力保护，提升耕地质量，促进粮食生产；落实农机购置补贴，加快推进农业生产机械化，提高农业社会化服务能力和农作物耕种收综合机械化水平；扶持农林业优势特色产业；支持自治区"双高"基地建设。

2017 年，广西筹措安排林业发展改革资金 24.51 亿元，主要用于落实森林生态效益补偿，支持实施新一轮退耕还林和防护林建设，开展自然保护区（湿地）与动植物保护，推动林业生产发展，进一步改善全区生态环境。同时，安排水利改革发展资金 12.15 亿元，主要用于支持基层水利服务体系能力建设、小型农田水利建设、水土保持工程建设和农业水价综合改革等。

2017 年，广西还安排农业改革资金 9.25 亿元，其中安排 5.33 亿元支持农村土地承包经营权确权登记颁证，夯实土地流转和农业适度规模经营基础；筹措落实 3.92 亿元支持国有林场改革，解决国有林场职工社会保障问题，以及分类化解国有林场债务和形成以购买服务为主的公益林管护机制。

五、农村土地确权

1 什么是农村土地承包经营权确权登记颁证

农村土地承包经营权确权登记颁证（以下简称确权）是将农村土地承包经营权的承包关系、承包地块、四至、面积、空间位置、变更等情况记录于专门的簿册，由县级以上人民政府颁发农村土地承包经营权证书的工作。

2 为什么要开展确权

依法保护农民应有的土地承包经营权益；便于土地经营权评估作价、流转；妥善解决土地承包纠纷；为农业补贴政策、征地补偿和抵押担保提供有效权证依据。

3 确权的基本凭据有哪些

农村集体土地所有权确权登记成果，土地台账，土地承包合同，承包经营权证书，农村税费改革登记表，户口本和公安机关户籍资料，地方制定的有关配套政策，法规政策没有明令禁止的村规民约。

4 合并的村民小组如何开展确权

根据村民小组合并前分别形成的承包合同，维持不变，并按本次登记的相关要求进行确权登记颁证。

5 农民占用田间路、沟渠等形成的土地能否确权

农民占用田间路、沟渠等耕地的土地不能确定为家庭承包面积，应当按照原承包地块测量的面积进行确权。

6 对外出务工承包户的土地承包经营权如何确权

不得以农民外出务工经商为由而影响确权。对于常年外出未归、未委托代理人又无法联系的外出人员，可先查清二轮土地承包以来的土地承包状况，按现有承包合同登记的四至和面积预留出相应的土地，待联系到当事农民后再按本次登记的相关规定进行确权。对预留期间当事农民无法自行管理而又未委托他人管理的，其土地暂由集体代为管理。

7 "五保户"的承包地如何确权

应尊重"五保户"的意愿，确定是否进行确权。集体不能强行收回"五保户"的承包地。

8 已经消亡的家庭承包户的土地是否确权

承包期内，以家庭承包方式承包农村土地的承包方全户消亡的，承包主体灭失，发包方应当依法收回承包地，不予确权。

9 夫妻离婚后，原承包地怎样确权

《中华人民共和国农村土地承包法》第六条规定："农村土地承包，妇女与男子享有平等的权利。承包中应当保护妇女的合法权益，任何组织和个人不得剥夺、侵害妇女应当享有的土地承包经营权。"对离婚夫妇的承包地处理，以法院判决为准，未做判决的，按以下原则办理：

①第二轮农村土地承包时，夫妻双方与其他家庭成员共同作为农村土地承包合同的承包方，对夫妻双方共同享有的土地承包经营权的份额作为夫妻共同财产进行分割确权。

②第二轮农村土地承包时，夫妻双方作为承包方，其共同享有的土地承包经营权作为夫妻共同财产进行分割确权。

③夫妻关系存续期间以转让方式流转的土地或以其他方式承包的集体土地，按照夫妻共同财产进行分割，根据当事人的意愿变更承包合同，进行确权。

10 二轮承包后结婚又未取得承包地的丧偶妇女或入赘男如何确权

二轮承包后结婚又未取得承包地的丧偶妇女或入赘男仍然以夫家的成员资格作为户主或成员登记，其配偶原有的土地承包经管权归其享有并予以确权。

11 在城镇落户的承包户如何确权

承包方虽然已经迁入城镇落户并居住，但是应当依法保留其土地承包经营权，可按照承包方的意愿进行确权。

12 承包方全家迁入设区的市转为非农户口的承包地如何处理

承包方全家迁入设区的市，转为非农户口的，发包方应当依法收回承包地，不予确权。

13 确权是否需要农民承担费用

确权工作经费由各级财政列支，禁止向农民收取任何费用。

如果农民土地确权被遗漏了，农民应该怎么办

小贴士

第一，向土地确权的法定登记机关提出登记申请。

第二，如果登记机关接受申请，则需要去补办登记。

第三，如果登记机关不接受申请，农民则可以提出行政复议。

第四，如果行政复议结果还是不予接受，农民可以向法院提起上诉维权。

电商:
做点新生意

村村通公告栏

1	聚焦农村产品上行,建设县、乡镇、村三级具有服务业农村产品上行功能的物流配送体系,建设县域电子商务公共服务中心,建设乡村电子商务服务体系,开展农村电子商务培训,大力开展电商扶贫。
2	引导农业龙头企业、品牌农产品经营企业开设旗舰店,鼓励专业合作社、种养大户和贫困户开设网店,拓展网络零售业务;积极引入电商龙头企业搭建自治区级农村电子商务平台;大力实施"快递下乡"工程。

一、农村电商政策

(一)国家助力农产品电商发展

《商务部 农业部关于深化农商协作 大力发展农产品电子商务的通知》(商建函〔2017〕597号)中的十大重点任务:

（1）开展农产品电商出村试点。

（2）打造农产品电商供应链。

（3）推动农产品产销衔接。

（4）实施农村电商百万带头人计划。

（5）提高农产品网络上行的综合服务能力。

（6）强化农产品电子商务大数据发展应用。

（7）大力培育农业农村品牌。

（8）健全农产品质量安全检测和追溯体系。

（9）开展农产品电子商务标准化试点。

（10）加强监测统计和调查研究。

（二）广西推动电子商务进农村

目标：2017年，广西力争电子商务进农村综合示范地区电商服务站点行政村和建档立卡贫困村覆盖率均达到50%左右，农村网络零售额同比增长20%，农产品网络零售额同比增长30%，电商培训3000人次以上。

广西主要通过以下五大措施，大力推动电子商务进农村。

（1）完善电子商务进农村的制度设计。

（2）组织开展示范县申报工作。

（3）加强综合示范项目的统筹管理。

（4）发挥平台优势，助推脱贫攻坚。

（5）加强电子商务培训，提升电商平台运营能力。

◆ 国家电子商务优惠政策让农民"热"起来

"党旗领航·电商扶贫"行动

延伸阅读

2017 年，广西以自治区确定的计划 2017 年出列贫困村、摘帽贫困县为主要对象，以"党旗领航·电商扶贫"2017 行动战略支持单位为重点骨干，以电商进农村综合示范县建设为重要抓手，着力做到"六个一批、六个提升"，继续开展"党旗领航·电商扶贫"行动。主要开展以下 7 项重点工作：

——咨询服务深度行；
——电商培训全方位；
——家乡代言树品牌；
——节庆推广打市场；
——拓展平台促双创；
——微助八桂再升级；
——唱响扶贫好声音。

二、电子商务进农村

（一）农产品这样卖就赚了

1 横县甜玉米二维码标签受市场青睐

近年来，南宁市横县农村电商发展迅速，横县合作社农民在"双11"购物狂欢节前夕，不停地为甜玉米打包、装箱、发送，就是为了抢占销售额。合作社建立了溯源追溯系统，每袋甜玉米都贴上"广西横县农产品溯源系统入网许可"的二维码标签，消费者只要打开手机扫一扫二维码，就可以查到甜玉米出自"中国甜玉米"之乡广西横县，甚至可以了解到玉米种植的整个过程，包括使用什么农药、化肥等信息。每袋甜玉米在装箱前，先用保鲜膜包住，不让水分消失，延长保鲜时间。一箱里装载五六袋甜玉米，箱子外印着"电商扶贫、邮政先行"等标识，包装十分精致。合作社农民销售的甜玉米从最初的月销量1000多件订单，增加到月销量4000多件。横县甜玉米受到消费者的喜爱，而且消费者可以安心、放心地购买横县甜玉米。

成功经验：横县农民采用网络销售的模式，抢抓商机，利用"互联网+"发展线上电

◆ 农民用手机扫描玉米包装袋上的二维码

商销售模式，将甜玉米搬到网上来卖，开展促销活动。农民在产品包装上贴二维码标签，让消费者通过手机扫一扫二维码，就可以清楚地看到玉米产地种植过程等信息，让消费者放心购买。横县甜玉米受到市场青睐，让当地农民快速脱贫致富。

② "电商＋快递＋农民"，杧果走向全国

百色市作为全国最大的杧果生产区，杧果种植面积达到115万亩，在淘宝网、天猫、京东商城、苏宁易购、微信等平台销售杧果的商家就有5200家，微商更是数不胜数。当地农户通过开展聚划算、京东秒杀、微信拼购等杧果抢购活动，拓宽销售渠道。预计到2017年底，全县电商销售额突破9000万元，果农增收约2000万元。

借力电商，果农发家致富

以前，田林县农民种植的杧果只能选择在路边摆摊销售，能卖多少算多少。近年来，通过电商方式，农民可以直接对接消费者卖果，甚至可以一边摘果，一边掏出手机处理来自微信、网店客户的订单，而且在网络上还能卖得更好价钱。仅仅几天时间，有些农民的几千公斤杧果就在网上被抢购一空。百色市多数农民靠电商销售杧果实现了发家致富，过上幸福的生活。

借力快递，杧果销量不断上升

以前，由于田林县交通不便，快递网点不能覆盖，杧果很难往外运输。广西引导快递企业下乡后，当地农民利用政府搭建的便利平台，快速实现杧果对外销售，而且当地农民利用快递企业为杧果优先运发、优先投递等便利，缩短了运输时间，确保了杧果新鲜，节省了成本，杧果可以快速、安全、精准运送和投递出去，销量不断上升，起到了精准扶贫的作用。

成功经验：百色市农民通过"电商+快递"的方式，利用政府搭建的便利平台，与物流企业合作，开展杧果促销活动，不断加强杧果网络营销，进一步擦亮杧果品牌，不断提升杧果的市场认知度，扩大销售范围和提高销量，农民实现了脱贫致富。

（二）网络销售让她成为电商能人

近年来，一大批年轻人从城市返回农村自主创业，不断涌现出一批批农村电商能人，为农村电商发展输入新鲜血液，带领农民脱贫致富。柳州融安县大将镇富乐村电商能人赖园园就是一个例子。

不当城市白领，返回农村当农民

赖园园是一名"85后"返乡创业女青年，大学毕业后在泰国留学取得了贸易专业学位，回国后她先到广州一家规模较大的物流公司工作。但是，她从小就怀揣着一个"金橘梦"。一年后，她主动放弃广州物流企业管理的工作，决定回到老家创业，卖金橘。

依靠电商，年销售 2000 万元不是梦

由于赖园园学习过物流、销售等知识，因此她对网络销售并不陌生。她开始在淘宝上开店销售金橘。随着金橘销量的不断上升，规模不断扩大，她联合多家种植水果的农民成立种植合作社，逐渐摸索出一条"种植户+合作社+代理商+电商"的商业模式，并打造出"橘乡里"的金橘品牌。

创业之初，由于山里交通不便，金橘很难运输出去，运输橘桔的车辆也很难进来，而且创业资金不足，村民对电商认识不够，赖园园遇到了很多困难。但是，她并没有放弃，而是根据当地的实际情况，不断探索金橘销售的模式。她以高出市场每斤2元左右的价格收购金橘，再以每斤20

元的价格通过网络销售出去。她建立电子商务基地，组建电子销售团队，与阿里巴巴、京东等多家电商和物流企业合作，采取线上下单、线下交易的模式，集金橘收购、销售为一体，缩短流通环节，节约销售成本。2016年，金橘销售额达2000万元，其中90%是通过网络销售的。

赖园园成立的种植合作社可以帮助农民解决金橘销路难的问题，而且还为农民提供就业机会。在金橘销售旺季，她还让贫困户在电子商务基地务工。她给山区种植金橘的农户和贫困户开辟了一条脱贫致富的新道路。

绿色标准生产，品牌影响力大

赖园园采用统一施用化肥、农药，科学规范管理的新种植方法，逐渐转变果农们的思想。合作社生产出的金橘农药残留没有超标，成为各大电商的抢手货。2015年，她创立"橘乡里"电商品牌，打造以"橘乡里"为主题的金橘系列形象包装，进一步提升金橘品牌影响力。

2017年，赖园园荣获"柳州市十大农村电商电商创业带头人"称号。赖园园艰苦奋斗，勇于创新，通过电商销售，把起初小有名气的金橘，做成一个品牌，销量不断攀升，给合作社的贫困户带来了经济收入，为当地农民脱贫致富创造了条件。目前，有很多像赖园园这样的年轻人回乡创业，继续探索家乡特产的电商发展之路。

（三）农民学做电商

1 为什么要上网做生意？

上网做生意成本低、风险低。与传统的店铺相比，上网做生意可以让农民朋友更方便、更快捷地将自家的农产品推销出去，不用担心货物积压，而且还会增加收入。农民朋友在网上可以买到便宜的生产资料和生活用品，减少支出。农民朋友还可以在家创业，不需要在外面奔波。

通过上网可以及时地获取市场的信息，减少生产的盲目性，还可以丰富生活、开阔眼界、提高科技文化水平。

自家种的火龙果，味美、香甜、可口。

◆ 自家新鲜味美的火龙果在网上不愁卖

② 如何上网做生意?

农民朋友只需要一台电脑或者一部智能手机、一部相机、一张银行卡，就可以轻轻松松开网店赚钱。第一次在网上做生意，可以选择免费的淘宝店。农民朋友可以先注册淘宝、支付宝账号，给网店起一个好听的名字，通过支付宝认证审核通过后，属于自己的网店就可以开业了。农民朋友可以把自家生产的蔬菜、水果、禽肉、鸡蛋等放在网上店铺来卖。

火龙果店 开张大吉

◆ 王大伯家的淘宝店开业啦

3 网上如何付款？

农民朋友可以带上自己的身份证，到银行填写相关材料，在银行柜台申请办理开通网上银行。在淘宝网首页登录自己的淘宝账号，选择要购买的商品。在挑好商品后，就可以利用网银支付了。

4 如何在网上把生意做大做强？

（1）农产品不能以次充好，欺骗顾客，因为信誉很重要。

（2）农产品包装要符合标准，而且新颖、独特，产品包装规格要多样化，方便顾客使用。

（3）销售绿色、有机食品可以获得顾客的信任度，而且农产品销售价格高，利润大。

（4）当有顾客在网上向你咨询农产品的信息时，要耐心地讲解，实事求是地做好每一单生意。

（5）可以在重大节日开展促销活动，赠送小礼品，提高农产品的知名度。

（6）在网上接收到订单后，要及时发货，如果不能及时发货，应该向顾客解释清楚，并尽快发货。

◆ 精美的农产品包装盒

三、网销网购同样有风险

网络时代的快速发展，让农民朋友做生意、购物等方式和途径越来越丰富。网上销售农产品虽然手续简单、成本低、利润丰厚，但是也同样存在一定的风险，所以提醒农民朋友在网上销售、购物时要提高警惕。

（一）网上开店需注意

1 要有做生意的头脑

有些农民朋友一辈子都没有走出家乡，甚至还过着摆地摊销售农产品的日子，对于网上开店缺乏经验。在网上销售农产品考验一个人的魄力，农民朋友要懂得很多做生意的技巧，同时需要专业的培训和专人指导。

2 不是所有的农产品都适合在网上卖

农民朋友在网上销售农产品时要考虑运输成本、产品保鲜等因素，不是所有的农产品都适合在网上销售，不要别人卖什么就跟着卖什么。加工肉类、食用油、干货等便于运输，不怕坏，适合在网上销售，而且利润比较高。

3 快递费用太高

网上销售的农产品都是从农村寄出去的。由于农村地处偏远、快递网点相对较少，这样会导致发货时间长、快递费用高。因此，在选择快递公司和快递方式时，要货比三家，尽量缩短发货时间，节约运输成本，保证农产品的新鲜，确保把农产品安全、快速地送到顾客手中。

④ 价格要合理

大多数农产品都是农民自产自销，其定价既要保证自己的基本利润，又不能过高，以免把顾客吓跑。价格一旦定下来，就不要轻易变动。如果是当地才有的特色农产品或是独家经销的应季农产品，可以把价格适当提高。

⑤ 防止网上上当受骗

咱们上网要增强网络安全防范意识，对陌生人发来的短信、邮件等表述不清楚，或含有传递恐吓的信息，如要求你提供银行账号、密码、身份证等的，要提高警惕。

咱们在网上交易时，要核对网址是否真实，保管好自己的银行密码、身份证号码、出生日期、电话号码等，建议用字母与数字混用的密码。对网上银行等平台办理的转账和支付等业务要做好记录，定期查询，如果发现异常应及时与相关单位联系。在支付时，尽可能使用信用网站现有的交易支付工具，如支付宝、微信等。

你的快递包裹涉嫌藏匿毒品

◆ 王大叔收到涉嫌藏匿毒品包裹的虚假短信

（二）网上购物需谨慎

1 选择正规的网购平台

咱们上网购买新产品时，不要被那些夸大的口号标语、大优惠的广告承诺所诱导，一定要选择正规、知名、大型的购物网站。一般大型的网络销售平台都会提供完整的公司联系信息和客户服务联系方式，如果是第一次在该网站购物，可以先拨打网站官方电话进行联系，测试电话号码的真实性。

2 仔细查看产品信息和消费者反馈

咱们在网站上要仔细查看产品的信息，了解消费者的反馈意见。一般骗子网站大多是产品少，产品资料简陋，产品价格很便宜，企图用低价来吸引更多的消费者上当受骗。

3 付款方式

咱们在购物时，难免会担心付款后拿不到货，可以采用货到付款的方式，在拿到货以后再付款。

4 索要发票

购买某些产品后可能发现质量问题，需要厂商进行维修或退换货。因此，在购买时尽可能要求卖家提供发票。如果发生不必要的纠纷，发票可以作为交易的证据。

（三）遵纪守法，诚信经营

咱们在网上销售农产品，必须要遵守国家的法律法规，不要经营国家明文禁止经营的产品。农民要想把生意做大，就必须诚信经营，保证网上销售的农产品与现实的一致，坚决杜绝销售假冒伪劣的农产品，更不要以次充好，欺骗消费者。

小贴士

常用快递公司网址及联系方式

1. 圆通快递
网址：http://www.yto.net.cn/gw/index/index.html
电话：95554

2. 申通快递
网址：http://www.sto.cn
电话：95543

3. 中通快递
网址：http://www.zto.com
电话：95311

4. 顺丰快递
网址：http://www.sf-express.com/cn/sc/
电话：95338

5. 韵达快递
网址：http://www.yundaex.com/cn/index.php
电话：95546

6. 宅急送快递
网址：http://www.zjs.com.cn
电话：400-6789-000

7. 中国邮政速递物流（简称：EMS）
网址：http://www.ems.com.cn/aboutus/gong_si_jian_jie.html
电话：11183

8. 天天快递
网址：http://www.ttkdex.com
电话：4001-888-888

旅游:
开门迎新客

村村通公告栏

1 　　广西将继续创建休闲农业与乡村旅游示范点，打造一批休闲农业与乡村旅游标志性品牌。

　　具体要求：发展产业化、经营特色化、管理规范化、产品品牌化、服务标准化。

　　创建条件：示范带动作用强、经营管理规范、服务功能完善、基础设施健全、从业人员素质较高、发展成长性好。

2 　　《广西林业发展"十三五"规划》提出，到2020年，广西将把森林旅游打造为600亿元产业。

3 　　《广西红色旅游发展"十三五"规划》提出，到"十三五"末，广西红色旅游将成为全区旅游业的主打品牌之一，并成为左右江革命老区发展的优势产业。按照规划目标，预测到2020年，广西红色旅游将建成"七大基地，六大旅游区，八条路线，十一个全国经典景区，三十三个区级重点景区"。

　　广西山美水美，"美丽广西"乡村建设活动更是让乡村面貌焕然一新，发展乡村旅游是推进美丽乡村建设的有效途径。

乡村旅游是一种适应市场需求，以生态乡村发展为基础，农业与旅游业边沿交叉而形成的新兴产业。到2020年，广西将扶持550个贫困村发展旅游业，实现20万人脱贫，力争全区通过旅游产业融合发展带动80万人脱贫。其中，2016—2018年，实施旅游扶贫三年行动计划，550个村全部启动旅游扶贫开发建设，带动9万人脱贫，力争全广西通过旅游产业融合发展带动47万人脱贫；2019—2020年，继续完善贫困村旅游项目开发建设，加大旅游宣传促销力度，实现11万人脱贫，力争全区通过旅游产业融合发展带动33万人脱贫。

乡村旅游，可谓政策活、前景好、力度大。既然如此，我们该如何好好利用和开发农家资源，做好乡村旅游，打开家门迎接客人呢？

一、如何布局乡村旅游这盘棋

党中央、国务院高度重视乡村旅游和旅游扶贫工作。2013年，中共中央办公厅、国务院办公厅印发《关于创新机制扎实推进农村扶贫开发工作的意见》（中办发〔2013〕25号），明确要求国家发展和改革委员会、国家旅游局等7部门到2020年，扶持约6000个贫困村开展乡村旅游。

然而，广西精准识别出来的拟旅游扶贫的550个贫困村，普遍存在着群众思想保守，观念落后、发展思路不清晰，规划滞后、基础设施不完善，公共服务设备缺少、发展资金整合不足，单打独斗、零星投资，引导标识标牌不清、项目用地难，农产品档次低、品质差，旅游商品缺少等问题。

如何布局乡村旅游这盘棋，需要集思广益，需要开动脑筋，需要借鉴经验，更需要勇于创新。

◆ 想脱贫致富，"懒惰"要不得

（一）乡村旅游

经过20多年的发展，我国乡村旅游已粗具规模，一些地方乡村旅游发展已成为解决"三农"问题的重要途径。当前，我国乡村旅游需求旺盛，发展势头迅猛。

◆ 乡村旅游市场火爆

在马山县党委、政府的领导下，南宁市马山县古零镇乔老村以小都百为龙头，大力发展乡村旅游，积极打造环弄拉乡村旅游带。发展乡村旅游给当地的环境和老百姓生活带来极大的改观，现在各村的路通了，环境也更美了，很多出外打工的都回来开办农家乐或者到景区工作，村里已经有了三四十辆私家小轿车。

延伸阅读

"中国少数民族特色村寨"小都百屯位于马山县至上林县二级公路旁，西距马山县城10公里，东离古零镇政府所在地7公里，位于马山县环弄拉生态旅游区核心区。整个村屯的建设以"山水映农家，诗画小都百"为主题，以打造水车之乡为特色，结合环弄拉生态旅游区建设，坚持"社区即景区、乡村即旅游"的发展理念，着力把小都百综合示范村建设成为环弄拉生态旅游区"吃住行、游娱购"的一站式时尚生活、休闲农业旅游基地。

小都百屯风景如画

（二）全域旅游

全域旅游是广西加快发展旅游业的重要方向，是新时期广西促进旅游业改革发展的重要突破口，是秉承"创新、协调、绿色、开放、共享"五大理念的全新发展模式。

全域旅游是指在一定区域内，以旅游业为优势产业，通过对区域内经济社会资源尤其是旅游资源、生态环境、公共服务、体制机制、政策法规、文明素质等进行全方位、系统化的优化提升，实现区域资源有机整合、产业融合发展、社会共建共享，以旅游业带动和促进经济社会协调发展的一种新的区域协调发展理念和模式。

通俗地讲，全域旅游就是让人感觉"时时都在旅程，处处都是风景"。

延伸阅读

为实现创建国家全域旅游示范区的目标，广西旅游业发展紧紧围绕"广西特色旅游名县"和"国家全域旅游示范区"创建工作这一"双创"核心，实施"双创双促"品牌工程，推动全域旅游创新发展。自2013年以来，广西已成功创建阳朔、兴安、东兴、龙胜、金秀、凭祥、上林、钦南、容县、巴马、三江和宜州等三批共12个特色旅游名县；与此同时，已有3市16县入选"国家全域旅游示范区"创建单位，其中有11个县是"双创"县。

南宁市党委、市政府高度重视旅游工作，把旅游业作为全市经济社会发展的战略性支柱产业倾力打造，旅游总人数和旅游总收入连续多年排名广西首位。

北海市银海区认真贯彻落实北海市党委、市政府赋予银海区加快旅游产业发展的新定位、新使命、新要求，努力推动银海区全域旅游加快发展，同时加快建立"互联网+智慧旅游"公共服务平台，依托丰富的特色农业、海洋和旅游文化资源，发挥全域旅游产业综合带动效应，加快旅游产业与其他产业融合发展。

（三）红色旅游

按照《广西红色旅游"十三五"规划》的发展目标，预计到2020年，广西红色旅游接待游客将达6000万人次，红色旅游总消费为400亿元；红色旅游直接就业人数3.2万人，间接就业人数14万人。到了那个时候，广西红色旅游将全面升级，成为广西旅游业的主打品牌之一，并成为左右江革命老区发展的优势产业。

延伸阅读

六大红色旅游区

●左右江红色旅游区：重点以百色市和东兰、巴马、凤山三县为中心，打造百色红色旅游基地、东兰红色旅游基地；以崇左市辖的龙州县、凭祥市为中心，打造凭祥—龙州红色旅游基地。

●桂北红色旅游区：以桂林市城区、兴安县为中心，发挥桂林国际旅游名城、广西旅游龙头和作为广西旅游集散中心之一的作用，重点建设桂林红色旅游基地。

●桂东红色旅游区：包括梧州、贺州、玉林、贵港等4个城市城区及各市辖县区。以梧州市和贵港市辖的桂平市为中心，打造梧州—桂平红色旅游基地。

●桂中红色旅游区：包括柳州、来宾等两个城市城区及各市辖县区，打造柳州红色旅游基地。

●北部湾红色旅游区：以南宁市、北海市、钦州市、防城港市、玉林市、崇左市为中心，打造现代化国际旅游交流平台，建设好北部湾红色旅游基地。

●南宁红色旅游区：包括南宁市七城区和市辖马山、上林、宾阳、横县、隆安等县。

八大红色旅游精品线路

●"邓小平足迹之旅"红色旅游线路：即以"探寻伟人足迹，感受革命精神"为主题特色，包括"南宁—平果—田东—田阳—百色—巴马—东兰—金城江"的主要旅游线路和

"龙州—靖西—田阳—巴马—东兰"的辅助旅游线路，串联资源点包括中共广西省委机关旧址、中国工农红军第七军军部旧址、百色起义纪念馆等。

● "重走红军长征路"红色旅游线路：即"桂林—兴安—资源—全州—灌阳"，串联红军长征突破湘江烈士纪念碑园、红军堂、老山界、觉山铺阻击战战场旧址、湘江战役旧址、光华铺阻击战战场旧址等资源点。

● "中越边关红色之旅"红色旅游线路：即"南宁—东兴—芒街/凭祥—龙州—谅山/靖西—高平—河内"，串联昆仑关战役旧址、中国红军第八军军部旧址、龙州起义纪念馆等多个红色景区景点，重点推进友谊关—友谊中越跨境旅游合作区、中越德天—板约瀑布国际旅游合作区、中国东兴—越南芒街跨境旅游合作区（拟设立）建设。

● "北部湾改革开放合作之旅"红色旅游线路：即"东兴—防城港—钦州—北海"，串联包括北海铁山港、北海港、钦州港、钦州保税港区、中马钦州产业园区、钦州茅尾海滨海新城、防城港、东兴国家沿边开放开发综合试验区等景点。

● "桂东辛亥革命"红色旅游线路：即"梧州—苍梧—贺州—黄姚—钟山—平乐"，串联梧州中山纪念堂、中共梧州地委、广西特委旧址、韦拔群烈士纪念馆、珠山革命烈士纪念碑、李济深故居等文化名人寓所、黄姚古镇抗战时期遗址遗物等景点。

● "桂东太平天国运动"红色旅游线路：即"贵港—桂平—平南—梧州—蒙山"，串联金田起义地址、太平天国永安活动旧址等景点。

● "南柳社会主义建设与改革开放之旅"红色旅游线路：即"南宁—合山—来宾—柳州"，串联西津水电站、柳州钢铁厂、合山矿产地质遗迹等景点。

● "红水河民族团结"红色旅游线路：即"隆林—乐业—天峨—南丹—东兰（巴马、凤山）—大化—都安（马山）—忻城—合山—兴宾区—桂平"，串联包括东兰县苏维埃政府旧址、天峨龙滩水电站、大化水电站等景点。

延伸阅读

桂林龙胜各族自治县将刻有红军标语的光明岩和红军亭作为棋眼，全面构建白面瑶寨红色旅游棋局。该县对村寨的古民居房屋进行特色保护与改造，修建红瑶博物馆、旅游步行道、停车场等设施并实行污水处理、村寨亮化等工程。早在2014年，白面瑶寨就被命名为全国首批"中国少数民族特色村寨"，成为泗水乡乡村旅游区的重要组成部分，年均接待游客约10万人，实现人均增收6000多元。

另外，百色靖西市、乐业县，河池市东兰县、巴马瑶族自治县和凤山县，梧州苍梧区，贺州昭平县等，将红色旅游产业链向农村延伸发展，把红色旅游景区建设与社会主义新农村建设、新型城镇化建设和旅游精准脱贫攻坚工程融合起来，大力发展农业休闲旅游，改善农村环境，建设了一批环境整洁、景观生态、村风文明的红色旅游文化村（镇）、生态村（镇）、民俗村（镇）等村（镇）体验游产品，既增强了红色旅游景区吸引力，也带动了当地人民群众脱贫致富。

（四）森林旅游

《广西林业发展"十三五"规划》提到，广西将以生态公益林、国有林场、自然保护区、湿地公园、森林公园等为重点，大力开展森林等林业自然资源旅游，创建森林资源生态化保护开发富民新模式。积极创建森林旅游示范市（区、县、村）、AAAAA和AAAA森林景区、生态旅游教育基地、森林健康养生基地、森林人家等各类森林旅游项目，不断拓展全区森林旅游范围。到2020年，力争森林旅游景区达350处以上，将森林旅游打造为600亿元产业。

森林旅游可以在助推精准扶贫、促进国有林区产业结构调整、满足公众休闲养生需求等方面发挥更加重要的作用，是未来广西林业发展中

最大的增长点，但亟须转型升级。

森林旅游应该坚持以绿色开发为主，以发展理念的转变带动森林旅游产品提升。理念通了，工作就好开展。比如，森林观光产品应向森林观光体验产品转型，由一般森林旅游产品向森林休闲度假旅游产品转型，由纯森林自然旅游产品向森林文化旅游产品转型，实现全面的森林旅游产品转型升级。

另外，还要建立多元化的森林旅游投资渠道，促进经济后发展地区森林旅游资源开发建设，形成可持续发展机制。通过森林旅游发展促进林区经济发展，带动贫困人口脱贫。

比如，南宁市七坡林场利用自身丰富的森林资源，发展林下种植，开发观光区域，并对原来老旧的职工宿舍进行修葺，开辟成餐饮休闲区。过去乏人问津的林场如今变成了一个观光度假休闲的好去处。

二、1+1 > 2，举棋落子操胜券

很多人都想数钱数到手抽筋，想要实现愿望，那就不妨走出承包地，走进农业园区，走出乡村，走进景区和酒店，转变为产业工人，让梦想成真，摘掉穷帽子。至于参与形式，我们可以在景区务工、为农家乐提供劳动服务，也可以积极售卖农副产品、手工艺品，展示民俗文化、歌舞技艺等，用时髦的话说，就是开发"旅游+"的模式。

（一）旅游 + 文化

古村落承载和孕育了民间艺术、建筑、民俗等民族文化，积淀着几百年甚至上千年文化古韵，承载着中华传统文化的精华。在"三月三"这一

天，不少外省人会问："全国人民都在上班，为什么你们广西会放假？"
我们可以骄傲地说："这是我们的假日，欢迎来我们广西旅游"。

小贴士

2014年"壮族三月三"入选第四批国家级非物质文化遗产名录，广西将壮族文化"三月三"推上了国际舞台，并得到国际和国内的广泛认可。广西将每年农历"三月三"定为公众假日，整个自治区人民放假两天，彰显了对民族文化传承的重视和决心，也为宣传和弘扬壮族文化提供了舞台和保障。

延伸阅读

国家级非物质文化遗产名录，是经中华人民共和国国务院批准，由文化部确定并公布的非物质文化遗产名录。为使中国的非物质文化遗产保护工作规范化，国务院发布《关于加强文化遗产保护的通知》，并制定"国家＋省＋市＋县"共4级保护体系，要求各地方和各有关部门贯彻"保护为主、抢救第一、合理利用、传承发展"的工作方针，切实做好非物质文化遗产的保护、管理和合理利用工作。2014年7月16日，我们的"壮族三月三"入选第四批国家级非物质文化遗产名录。

以文化带动旅游、以旅游推广文化，"旅游+文化"模式近年来已经成为一个新型的产业形态。"三月三"期间，不少乡村举办歌圩、民俗展演等活动，为游客展示当地独特的风土人情。要发展乡村旅游，充分利用民俗特色是不错的选择。

乡村旅游，不是只看美景，还要看深厚的历史文化和丰富多彩的民俗文化。依托特定的民俗风情、园林建设、文物古迹，如服饰、饮食、节庆、礼仪、婚恋、丧葬、工艺、寺庙等建设民俗文化村，举行多种多样的民俗文化活动，以招徕游客观光、休闲度假。

不少乡村游已经融入了民俗元素，比如：南宁市良庆区那马镇坛良村坛板坡百圣美川农业休闲基地举办薰衣草花海节；上林县乔贤镇恭睦村内旦庄推出壮山歌对唱表演，以及石木榨油坊榨花生油体验、射箭体验、骑马环湖观景体验等活动；古寨乡多彩瑶山·龙里山寨农家乐举办民俗体验+原生态美食+山野露营体验游。

又如，凭祥市深入挖掘和提炼深厚的文化底蕴，充分发挥"旅游+"功能，成功地推进了"旅游+文化""旅游+农业""旅游+红木产业"和"旅游+会展业"的深度融合，培育打造军事探秘游、边关风情游、红木文化游、东盟跨境游特色旅游四大"名片"。凭祥还依托边境优势，加强与越南周边地区的交流合作，通过开展多形式、多层次的旅游合作，举办丰富多彩的旅游活动，促进了中越两国边民友好交往、和睦共处，通过"旅游+会展"成功打造了中越边关旅游节暨中越凭祥商品交易会这一节庆品牌。

（二）旅游＋农产品

乡村旅游最吸引人的是农耕景象、农家习俗，体验原汁原味的乡土风情和清新野趣。

我们到一个地方游玩，见到当地的土特产，会不由自主地想带回去与家人分享。发展乡村旅游，为游客提供土特产品，是增收的一个重要途径。从我们的田里刨出来的农产品，或者是从树上摘下来的农产品，或许我们不稀罕，说不定成了游客眼中的宝贝，甚至还能让我们"发大财"。

◆ 要想做好农家乐，关键在于有特色

　　崇左市扶绥县炎鑫度假村帮助周边贫困乡村优化农业种植结构，规模化种植花卉苗木、水果蔬菜及特色经济作物，并与农户签订采购协议。此举不但解决了部分贫困户劳动力就近就地务工问题，而且也带动了蔬菜、畜禽等农产品的销售，而城市居民喜欢的土豆、土鸡、土鸭等带"土味"的特色农产品更是身价倍增。

　　桂林恭城瑶族自治县莲花镇南面的竹山村以红岩新村为休闲农业与乡村旅游发展轴心，紧密结合农业结构调整和生态旅游，依托万亩月柿园风光发展"农家乐"，积极改善村庄人居环境和基础设施建设，促进了农民就业增收。红岩村依托月柿产业，改善人居环境，又通过人居环境的改善发展了旅游产业，通过"旅游+农产品"的模式，成为后发展欠发达地区改善农村人居环境的典范。

（三）"红＋绿"旅游

桂林全州枧塘万亩巨峰葡萄种植核心示范基地有"南方的吐鲁番"之称。发展种植提子产业，村民们富了，但他们不止于此，他们还注重旅游建设。从2006年起，村里规划建设了有农村特色的小洋楼，建设进村道路和环村道；建成了文化活动室、戏台、篮球场、羽毛球场、气排球场、停车场、休闲坪、水车、钓鱼塘等一批活动设施。通过对村内现存景观开展绿化、美化、亮化建设，全村形成了千年古酸枣树、毛竹通道、桉树通道和桂花树通道等景点。

除了发展绿色生态休闲旅游，全州旅游的另一个方向是发展红色旅游。

全州地处湘桂走廊，是红军长征突破湘江的主战场，红色文化资源丰富。湘江战役中最大、最悲壮的阻击战发生在全州觉山铺，凤凰嘴渡口是红军突破湘江战役的四大渡口之一。全州正打造长征文化红色旅游项目，同时与天湖的生态旅游、全州美食文化、炎井温泉的养生文化、精品"农家乐"开发等形成"红＋绿"旅游产业，实现以红带绿、以绿促红的发展局面。

"红＋绿"旅游，点亮了全州全面小康的金色希望，这也为正在积极开发红色旅游资源的地区提供了新的发展思路。

（四）旅游＋影视

广西现在已经成为很多电视剧、电影的拍摄取景地点，因为广西自然优美的风景实在是让很多人看了之后都想身临其境。凭借这样的优势，发展"旅游＋影视"，也是开门迎客的一个好方法。

◆ 载歌载舞：远方的客人请你留下来

宜州刘三姐故里景区以"刘三姐"这个大IP做足文章，以龙江河、下枧河为旅游带，包括游客集散中心、刘三姐故居、壮古佬、水上石林、歌仙桥等游览区。景区旅游项目众多，目前已开放接待游客的有游船观光、山歌传唱、三姐寻根、民俗表演、休闲度假、农家体验等活动。宜州刘三姐故里旅游现已成为"广西民族风情旅游"重要的精品线路之一。

小贴士

所谓IP，其实就是"知识财产"（intellectual property），是文化积累到一定量级后所输出的精华，具备完整的世界观、价值观，有属于自己的生命力。

崇左市大新县堪圩镇明仕村有一座明仕田园，这里因影视剧《花千骨》在此取景而受到游客的追捧。明仕田园距大新县县城53公里，为国家AAAA级景点，景区方圆20公里山清水秀，山环水绕，素有小桂林之称，极富南国田园气息。景区内配备有完善的设施，如停车场、接送车、酒店，还有歌舞表演等活动。

（五）旅游 + 电商

电商发展迅猛，乡村旅游不妨搭乘电商快车，驶入实现高质高效的致富之路。电商运用于旅游业的时间不长，只有几年，但发展势头强劲，移动旅游电商也成为新一代的交易新模式。

百色市田阳县引进某公司投资15 亿元，开发五村镇惠洞水库及周边旅游资源，辐射带动片区的旅游业，实现了露美、桥马两个片区旅游项目的有机衔接。启动露美—桥马片区乡村旅游扶贫活动，推出驮烈河、莲花山、红枫谷等景点，以及以"贫困村农家饭票"为载体的旅游扶贫项目，通过携程网、八桂游等知名电商平台营销，让城里人前来自驾游、亲子游，带动"住、

◆ 乡村旅游也需要创新升级

行、游、购、娱"等其他旅游要素的开发。

过去，广西大多数乡村旅游项目由农户散户经营，单打独斗，做不大规模，做不强产业。通过这些年乡村旅游发展，广西总结出不同乡村旅游发展模式并积极推广，引导和推动贫困地区发展乡村旅游，直接促进了帮扶点的脱贫致富，并带动和引领了周边村的旅游发展。

随着旅游市场的持续火爆，2018年广西乡村旅游市场的走势，可想而知。

金融: 贷款新投入

村村通公告栏

1　　党的十八大以来，金融开始被应用到脱贫攻坚中。对建档立卡的贫困户发展产业有扶贫小额信贷，5万元以下、三年以内、免担保免抵押、银行按基准利率放贷、扶贫资金全额贴息、县建风险基金的金融产品已经达到3800亿元了。

2　　党的十九大报告明确指出，要坚持大扶贫格局，金融部门要发挥更大更好的作用，把更多的金融活水精准滴灌在穷根上。金融部门下一步将进一步完善扶贫工作机制，加大金融扶贫工作力度，为坚决打赢脱贫攻坚战做出更大贡献，我们农民将得到更多的经济支持。

一、扶贫小额贷款助力致富

扶贫小额贷款是农村合作金融机构向建档立卡的贫困户发放的，由财政按基准利率给予全额贴息的一种贷款品种。

发放扶贫小额贷款的目的是提高贫困户能力，有效调动贫困户内生动力，实现贫困户自我发展，增强可持续脱贫能力。

贷款对象	全区在册建档立卡贫困户
金额	最高不超过10万元
期限	3年以内
贷款方式	5万元以内免担保；5万-10万元需担保
利率	执行人民银行同期基准利率
贴息	利息由财政全额贴息

小贴士

贴息：由政府有关机构负担我们贷款所需的利息，我们借款人只需要按照协议归还本金或小部分的利息。这样做，我们农民朋友的负担就会轻很多。

（一）如何申领

1 申领条件

（1）属于有致富意愿、有创业项目、具有劳动能力、有贷款需求、有还款能力的建档立卡贫困户。

（2）年龄在18周岁（含18周岁）以上，一般不超过60周岁（含60周岁），具有完全民事行为能力和有效的身份证明。

（3）经办农合机构管辖区内有常住户籍或固定住所（一年以上）。

（4）信用等级评定为"一般"级以上（信用等级可以在村委会查到）。

（5）要从事的项目符合扶贫小额贷款用途要求。

2 申领对象

广西壮族自治区在册的建档立卡贫困户。

农村贫困妇女　　　　　留守妇女　　　　　失地贫困农户

贫困大学毕业生　　　　贫困复退军人　　　有一定劳动能力的
　　　　　　　　　　　　　　　　　　　　　　　贫困残疾人

◆ 扶贫小额贷款优先申领人群

以"户"为单位，一户贫困户只能由户主或成年的家庭成员中的一人作为借款人。评级标准如下所示：

"优秀"等级的评定标准

1.品行良好，社会信誉良好；
2.近三年来在农合机构的贷款能按时偿还本息，无不良记录；
3.家庭人均年纯收入在2000元（含）以上；
4.家庭劳动力充足（至少2名）。

"较好"等级的评定标准

1.品行良好，社会信誉良好；
2.家庭人均年纯收入在1000-2000元（不含）；
3.家庭劳动力充足（至少2名）。

评级标准

"一般"等级的评定标准

1.品行良好，社会信誉良好；
2.家庭人均年纯收入在500-1000元（不含）；
4.家庭劳动力充足（至少1名）。

"较差"等级的评定标准

1.信用记录、品行及社会信誉均较差；
2.家庭劳动力不足；
3.家庭人均年纯收入在500元（不含）以下，评定为较差的农户，属暂时"未获支持"对象。

注意：别人是不可以借用我们建档立卡贫困户名义借款的。

③ 贷款用途

凡能提高自我发展能力、促进增收和改善生产生活条件的项目都可以贷款。

发展特色种养业

乡村旅游业

服务业

工商业以及购买或租赁铺面等

扶贫小额贷款

入股或者委托企业、农民合作社等

◆ 扶贫小额贷款的用途

　　主要包括发展特色种养业、乡村旅游业、服务业、工商业以及购买或租赁铺面等生产经营项目。

　　还可以利用扶贫小额贷款资金入股或委托企业、农民专业合作社等市场主体经营管理获得收益。

扶贫小额贷款不能用于以下项目：

小贴士

存银行坐收利息

农村贫困户危房改造

购房补助

结婚

建房

4　申领流程

扶贫小额贷款的发放

① 贫困户提交资料

② 帮扶责任人、村级扶贫小额信贷工作组审核并签署意见

③ 农合机构对贫困户扶贫小额贷款进行审查审批

⑥ 贷款到期收回

⑤ 贷后管理

④ 签订贷款合同、借据并面签拍照，发放贷款

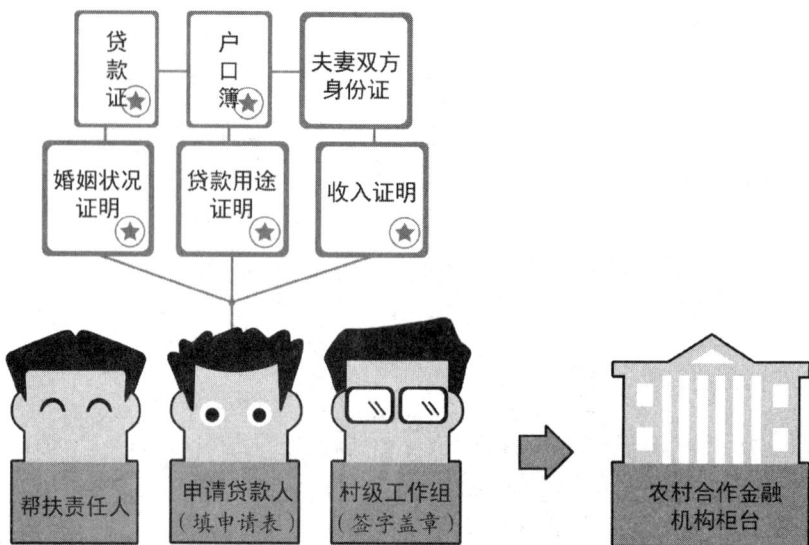

◆ 小额扶贫贷款需要提供的资料及申领流程

小贴士

1. 身份证、户口簿、结婚证的姓名必须一致，否则必须到公安机关将名字更改一致才行。

2. 未婚的可由所在单位或村委会出具婚姻状况证明。

已婚的提供结婚证；未婚的提供未婚声明；离婚的提供离婚证或法院判决书及离异未再婚声明；丧偶的提供原配偶户籍注销证明及丧偶未再婚声明。

农民

家属外出务工，可否由我贷款人一人签字贷款？如果不行，该怎么办？

工作组人员

如借款人已婚，贷款一般需要夫妻双方亲自到场签字，不能由您一个人签字贷款。有两种办法解决：一是如果您家属距家不远，可以回来办理；二是您的家属到务工地办理公证，委托您全权办理。

⑤ 贷款期限

期限统一为三年，可提前部分或全部归还，贷款到期不能申请延期偿还贷款。

农民：我是建档立卡贫困户，我的信用评级是优秀，授信额度是5万元，我现在从事生猪养殖，总投入只需3万元，可以贷款5万元吗？

工作组人员：不可以。最多只能贷3万元。

农民：我是建档立卡贫困户，我的信用评级是较好，授信额度是3万元，我现在从事生猪养殖，需要5万元贷款，可以贷款5万元吗？

工作组人员：您只能申请3万元的免抵押、免担保贷款，超过授信额度部分需按银行要求提供抵押或担保。

⑥ 如何用款

XX银行 → XX银行卡（存折）

→ 柜台、自动取款机取款或转账

→ 网上银行、手机银行转账支付

→ 跨行转账或取款

◆ 用款方式

取款或转账不收取任何手续费。

（二）如何还款

（1）一次性归还本金，不实行延期、分期还款，但可提前部分或全部归还贷款本金。

（2）还款途径：一是通过贷款关联账户转账；二是现金还款。

还款

¥100

XX银行

贷款关联账户　　农村合作金融机构现金还款

◆ 小额扶贫贷款还款途径

小贴士

对已获得扶贫小额贷款的建档立卡贫困户脱贫后，仍可以按借款合同约定期限享受扶贫贷款财政贴息补助。

注意：没有按期偿还贷款本金，我们的征信记录将成不良，今后我们及家属将难以从任何一家银行获得贷款，我们的违约行为将导致我们所在的村信用等级降低。

我们贷款户因未按期偿还贷款及其他违约行为产生的加息、罚息，不能得到贴息，只能自己偿还。

小贴士

结算利息方式：由县级财政部门将贴息资金划拨到农村合作金融机构。

优秀案例

　　龙州县上金乡位于龙州县东南部，明江、丽江贯穿全乡。在龙州农商行的大力宣传下，扶贫小额贷款的优惠政策在这里家喻户晓，家住上金乡勤江村陇而屯卢小群、农家胜等6位贫困户在种植能人的带领下成立了蔬菜种植合作社。在获得龙州农商行上金支行发放的30万元扶贫小额贷款后，该合作社经营也步入正轨。按照之前制订的项目计划，已建成10个蔬菜大棚，占地约10亩。在大棚里已经种植了西葫芦、苦瓜、甜玉米、四季豆、西红柿、生菜等多种蔬菜，还着手建造猪圈、牛圈、地面水池等配套设施，以期通过生态养殖获得更多收益。"如果没有扶贫贷款，哪敢想有这么好的大棚。""现在有压力了，也多了使不完的力气，一定要好好把产业发展起来！"当这几户贫困户再见到上金支行信贷员时不由发出感慨。经过一段时间的努力，如今该基地每天可有500元至700元的销售额。大家表示一定要利用好龙州农商行扶贫贷款的优惠政策，希望带动和吸引更多村民共同发展产业。计划在2017年底进一步扩大种植规模，争取建造大棚数量达到30个，同时探索种植经济效益更好的蔬菜品种，实现更大的经济效益。

（三）合作或委托经营

1 收益分红

　　我们贫困户可以入股扶贫龙头企业、农民专业合作社、专业大户等经营主体或参与合作经营，保证我们可以获利而不会赔本。

② 经营主体认定

委托经营主体的准入条件

1 依法成立

2 坚持"三优先"原则，即农合机构支持的企业优先、龙头企业优先、抵（质）押担保优先

3 生产经营正常，经营有效益，产品有市场，经营利润能覆盖分红以及具备偿还贷款本息能力

4 资产负债率低于80%，自有资金比例不低于20%

5 企业及其法定代表人、主要股东、实际控制人无重大不良信用记录

6 具备成熟的经营管理模式和销售服务网络

符合条件的经营主体在相关部门有备案。

具有以下情形之一的龙头企业，不得作为委托经营市场主体：

❶ 单个农民专业合作社使用扶贫小额贷款资金额度不超过1000万元（含）

❷ 单个企业

连带责任保证方式：贷款额度不超过3000万元（含）

抵（质）押担保方式：根据企业经营情况、合理资金需求、偿债能力、抵押率等因素合理确定贷款额度

具有以下情形之一的龙头企业，不得作为委托经营市场主体：

❶ 企业及其法定代表人、主要股东、实际控制人及其关联企业在金融机构有恶意拖欠贷款本息以及逃避金融机构债务等不良行为

❷ 经营管理能力较差，经营项目出现亏损或利润无法支付分红

注意：委托经营资金只能用于委托经营市场主体生产资金周转，不能用于新建项目的固定资产投资、房地产投资以及倒借转贷等。

3 分配比例和期限

利用扶贫小额贷款资金入股或委托经营的，合作期限和收益分红比例以双方签订互利共赢的稳定脱贫协议为准。

原则上收益分配期限不低于5年，其中前3年每年按不低于合作或委托经营资金的8%比例分配给贫困户，后2年（贷款收回后）视经营主体营状况适当增减，仍享受每年收益分配且比例不低于原合作或委托经营资金的3%。

小贴士

承担资产收益扶贫的经营主体，除了享受现行的税收、扶贫贷款贴息、财政补助等优惠政策，允许利用财政专项扶贫资金或整合各类相关资金，申请必要的基础设施（主要产业基地、机耕路）建设补助。

案例

广西武宣县广鑫丝绸有限公司，在武宣县联社的大力支持下，发展成为农业产业化重点企业，对武宣当地甚至周边县份种桑养蚕产业都有很好的促进作用。近几年来，武宣县联社累计向其投放信贷资金2360万元。2016年，该公司获得了扶贫小额信贷合作或委托经营主体资格。至2017年4月底，武宣联社已向参与该公司委托经营的300户贫困户发放扶贫小额贷款1500万元，用于公司生产流动资金，在满足企业生产资金需求的同时，带动了当地贫困户脱贫致富，在当地取得了较好的社会效应。

二、小额人身保险保障平安

保费低廉、保障适度、保单通俗和核保理赔简单，是针对我们低收入农民最迫切的意外伤残和死亡等风险的普惠型保险服务品种。

广西壮族自治区鼓励市、县政府视财力情况给予适当保费补贴。

贫困户投保借款人意外伤害保险，可获得财政专项扶贫资金最高100%保费补贴，投保保证保险也可以获得保费补贴。

（一）如何购买

1 小额人身保险适合人群

小额人身保险服务于全国范围内的以下低收入群体：

（1）县以下乡（镇）和行政村的农村户籍居民。

（2）城镇享受最低生活保障的低收入群体、优抚对象以及无城镇户籍的进城务工人员。

2 小额人身保险产品类型

小额人身保险产品类型限于普通型定期寿险、意外伤害保险以及疾病保险和医疗保险。

> 以中国人民财产保险股份有限公司保险品种为例，主要有以下保险品种："农家福"农村小额意外险、"农家康"农村小额意外险、"农家安"农村小额意外险、"村村宝"团体农村小额人身保险、"务工安"农村外出务工人员小额人身保险、"务工乐"农村外出务工人员小额人身保险等。

可以在我们当地村委会（社区）找到相关的资料选择购买。

3 购买方法

投保只需我们投保人将自己的身份证号码、姓名、性别提供给村委会（社区委员会）里，由村里集中上交，统一办理。

4 需提供的证明与资料

| 保险单
（农村小额人身保险服务卡） | 申请人法定身份证明 |

（二）如何申请赔偿

1 申请医疗金

需二级以上（含二级）医院或保险公司认可的其他医疗机构出具的住院或门（急）诊医疗费用原始结算凭证、诊断证明及病历等相关资料；当地公费医疗、社会医疗保险或其他途径已经补偿的医疗费用结算凭证。

2 申请伤残保险金

需二级以上（含二级）医院或保险公司认可的其他医疗机构或鉴定机构出具的被保险人残疾程度的资料或身体残疾程度鉴定书。

3 申请死亡保险金

需法院、公安部门或二级以上（含二级）医院出具的被保险人死亡证明书；被保险人的户籍注销证明；保险金作为被保险人遗产时，提供可证明合法继承权的相关权利文件。

注意：若由代理人代为申请保险金，则还应提供授权委托书、代理人法定身份证明等文件。

详细情况在理赔时向保险公司咨询。

三、政策性农业保险来兜底

政策性农业保险——我们只需缴纳小部分保险费，其余由政府承担，投保的农作物或者林木、牲畜等因各种灾害造成经济损失时，就可以享受到足额的保险保障。

为加快贫困地区政策性农业保险的普及，除了享受中央和区市县财政补贴，广西建档立卡贫困户今后将免缴个人自付部分保费，也就是说广西贫困户可以"零负担"参加各类政策性农业保险，这将对贫困户发展产业、增收致富起到有力支撑作用。

（一）农业保险的功能

农业保险的功能有以下五个：

① 政府给予大部分补贴

② 少保险投入获取大保障

③ 提高风险应对能力

农业保险

④ 灾后获赔迅速恢复生产

⑤ 有助于进行农业贷款的申请

◆ 农业保险的功能

（二）政策性农业保险险种

包括中央财政保费补贴险种和地方特色试点险种两大类。

中央财政保费补贴险种由中央和地方财政按照保费的一定比例，为投保的农民和农业生产经营组织提供补贴。

地方特色试点险种由地方政府自行开展并由地方财政给予保费补贴。

1 中央财政保费补贴的险种

主要包括：能繁母猪、育肥猪和奶牛等养殖业保险，马铃薯、水稻和糖料蔗等种植业保险，公益林和商品林等森林保险8个险种。

2017年，新增的马铃薯保险保费由中央财政补贴40%，自治区财政补贴30%，县（市、区）财政补贴10%，农户承担20%，其中建档立卡贫困户免交保费，贫困户所免交保费的费用由自治区财政承担。

保险期限：养殖业、种植业和森林保险的期限一般为1年，以保险合同载明的起止时间为准。

保险金额及保险费（中国人民财产保险公司广西分公司提供）

险种	保额	费率	保费	保险责任
水稻保险	500元/亩	5%	25元/亩	暴雨、洪水（政府行蓄洪除外）、内涝、风灾、雹灾、冻灾、地震，泥石流、山体滑坡，病虫草鼠害
甘蔗保险	600元/亩	4%	24元/亩	火灾，暴雨、冻灾、雹灾、地震，风灾、洪水（政府行蓄洪除外）、内涝，泥石流、山体滑坡，病虫草鼠害
马铃薯保险	500元/亩	6%	30元/亩	暴雨、洪水（政府行蓄洪除外）、内涝、风灾、雹灾、低温、冻害、旱灾、病虫害

续表

险种	保额	费率	保费	保险责任
能繁母猪保险	1000元/头	6%	60元/头	（1）口蹄疫、高致病性蓝耳病、猪瘟、猪水泡病、猪传染性腹泻、猪传染性胃肠炎、猪圆环病毒病、猪支原体肺炎、猪丹毒、猪肺疫、猪链球菌、附红细胞体病、伪狂犬病、猪副伤寒、猪细小病毒、猪乙型脑炎、猪传染性萎缩性鼻炎、旋毛虫病、猪囊尾蚴病、猪魏氏梭菌病及口蹄疫、高致病性蓝耳病、猪瘟强制免疫副反应；（2）暴雨、洪水（政府行蓄洪除外）、风灾、雷电、地震、冰雹、冻灾；（3）泥石流、山体滑坡、火灾、爆炸、建筑物倒塌、空中运行物体坠落；（4）能繁母猪难产
育肥猪保险	500元/头	6%	30元/头	（1）口蹄疫、高致病性蓝耳病、猪瘟、猪水泡病、猪传染性腹泻、猪传染性胃肠炎、猪圆环病毒病、猪支原体肺炎、猪丹毒、猪肺疫、猪链球菌、附红细胞体病、伪狂犬病、猪副伤寒、猪细小病毒、猪乙型脑炎、猪传染性萎缩性鼻炎、旋毛虫病、猪囊尾蚴病、猪魏氏梭菌病及口蹄疫、高致病性蓝耳病、猪瘟强制免疫副反应；（2）暴雨、洪水（政府行蓄洪除外）、风灾、雷电、地震、冰雹、冻灾；（3）泥石流、山体滑坡、火灾、爆炸、建筑物倒塌、空中运行物体坠落
奶牛保险	6000元/头	4%	240元/头	（1）口蹄疫、布鲁氏菌病、牛结核病、牛传染性鼻气管炎、牛出血性败血症、牛焦虫病、炭疽、伪狂犬病、副结核病、日本血吸虫病及口蹄疫强制免疫副反应；（2）暴雨、洪水（政府行蓄洪除外）、风灾、雷电、地震、冰雹、冻灾；（3）泥石流、山体滑坡、火灾、爆炸、建筑物倒塌、空中运行物体坠落

续表

险种		保额	费率	保费	保险责任
森林保险	公益林	500元/亩	0.3%	1.5元/亩	在保险期间内，由下列原因直接造成保险林木流失、被掩埋、主干折断、倒伏或者死亡，保险人按照本保险合同的约定负责赔偿：（1）火灾；（2）暴雨、暴风、台风；（3）洪水、滑坡、泥石流；（4）冰雹、旱灾；（5）霜冻、暴雪、雨凇；（6）林业有害生物。 免赔率：每次事故免赔率为损失面积的5%
	商品林	800元/亩	0.35%	2.8元/亩	

备注：

水稻、甘蔗旱灾起赔条件：在保险期间内，由于旱灾直接造成保险水稻的损失，且损失率达到50%（含）以上时，保险人依照本保险合同的约定负责赔偿。

能繁母猪、育肥猪在保险期间内，由于发生表中"育肥猪保险"保险责任第（1）项中列明的高传染性疫病，政府实施强制扑杀导致保险母猪死亡，保险人也负责赔偿，但赔偿金额以保险金额扣减政府扑杀专项补贴金额的差额为限。

② 地方特色试点险种

烟叶、桑蚕、葡萄、香蕉、柑橘、鸡、羊、对虾、大蚝等18种地方特色农产品进入地方特色试点险种保障范围。

（三）如何投保

自愿投保，可以由我们农民、农业生产经营组织自行投保，也可以由农业生产经营组织、村民委员会等单位组织我们农民集中投保。

集中投保的，保险机构订立保险合同时，制定投保清单，详细列明我们被保险人的投保信息以及赔付范围、标准，并由我们被保险人签字确认。保险经办机构应当将承保情况予以公示。

购买时签订合同。在自愿的基础上，以村为单位统一投保，投保单位与承保公司签订保险合同（附我们参保农户的投保明细单，同时提供我们投保农户的身份证号及一卡通账号）。村里没有统一投保的，我们与承保公司签订保险合同，应及时缴纳应承担的保费。保险合同须按品种签署，保费须按品种缴纳。

（四）如何理赔

发生灾害 → 通知所在村协保员或镇三农保险服务站 → 镇（区）、村协保员核实 → 保险机构 → 保护受灾现场 → 保险机构和政府相关部门进行查勘定损 → 保险公司进行理赔公示 → 发放赔款

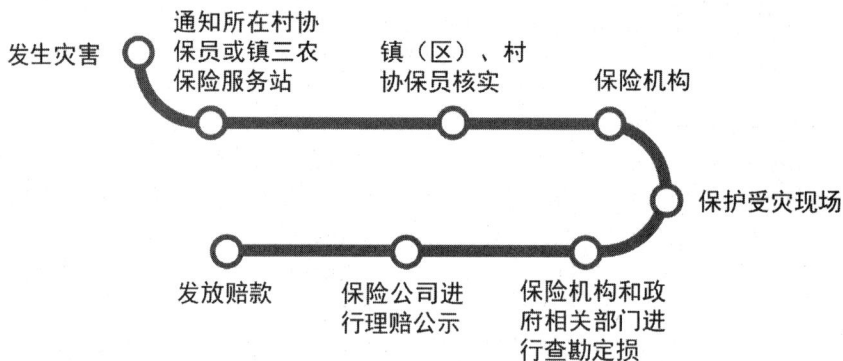

◆ 农业保险索赔流程

发生争议可通过自行协商解决，也可向当地政策性农业保险工作机构或政府申请调解；如调解无法达成一致，可申请仲裁或向当地人民法院提起诉讼。

注意事项

（1）我们投保者在决定投保前，须详细了解保费补贴政策、投保单上的重要提示和保险条款（特别是保险责任、责任免除、被保险人义务等）；同时，投保单必须由我们投保人亲自填写，集体投保的被保险人要在我们投保农户清单上签字确认；另外，投保后，必须妥善保管好保险单和发票。

（2）我们投保者要如实填报姓名、保险的作物及面积、身份证号、联系方式、地块位置以及用于领取赔款的资金账号等识别信息。

（3）保险赔付的是农户种植过程中各类成本支出，对于未达到理想预期的收益并不在保险范围之内。

（五）以奖代补流程

（1）村委及帮扶干部向贫困户宣传奖补政策。

（2）贫困户向帮扶干部反映种养情况。

（3）帮扶干部帮忙填写申请表和验收表并交给村委。

（4）村委审核盖章交到扶贫站。

（5）扶贫站组织人员下村验收并审核上交县扶贫办。

（6）下发奖补资金到贫困户账号。

小贴士

广西目前承办政策性农业保险的保险公司有三家：中国人民财产保险公司广西分公司、太平洋保险公司广西分公司、北部湾财产保险公司。

中国人民财产保险公司广西分公司

热线电话：95518

投保电话：4001234567

保险报案服务电话：95518

官方网站：www.epicc.com.cn

太平洋保险公司广西分公司

热线电话：95500-3（财产险）-2（咨询）

北部湾财产保险公司

客户服务电话：400-990-9999（全国免费电话，可投保、报案、投诉）

官方网站：http://www.bgic.com

四、妇女贷款娘子军添金翼

（一）申领条件

1 贷款对象

（1）年龄在60周岁以内。

（2）具有完全民事行为能力，身体健康，诚实守信，有偿还能力，无违反计划生育政策，家庭成员中无黄、赌、毒、偷盗等恶习。

（3）自愿组织联保或有其他担保措施，能起到带动周边妇女脱贫致富示范作用并符合农行贷款条件的农村妇女。

2 基本条件

★贷款用途必须真实，贷款范围为商业类、服务类、加工制作类、种植养殖类，不能用于建房和生活消费。

★每份材料相关人员的签名及指印必须一致。

★申请人、担保人、户主、配偶的居民身份证为第二代身份证，且真实有效。

★担保人：①市内行政事业单位在职员工；②市国有盈利企业固定工；③担保人年龄：自担保承诺之日起计算，男员工年龄在58周岁以内，女员工年龄在53周岁以内。

★申请人及家庭成员和担保人近两年内个人征信有不良记录的，有违法行为及黄、赌、毒等不良行为的，不符合办理贷款条件。

★家庭成员之间不能相互担保办理贷款。

③ 贷款额度

个人贷款最高额度为8万元，合伙经营者的贷款最高额度为人均10万元。

◆ 妇女小额贷款额度

④ 贷款利率

可在中国人民银行公布的同期同档贷款基准利率基础上适当上浮，最高利率不超过基准利率上加3个百分点。贷款合同有效期内如遇基准利率调整，按贷款合同签订日约定的贷款利率执行。

⑤ 贷款年限

贷款期限一般不超过2年，可按规定申请延期还款一次，期限不得超过1年。

（二）如何办理

到户口所在地的
乡（镇）妇联或
市妇联领取贷款
申请表　→　村委妇代会
主任签名　→　村委、乡（镇）
妇联签署意见　→　市妇联办公室

银行发放贷款　←　农业银行　←　市妇联、人力资源
和社会保障局审查
并签署意见

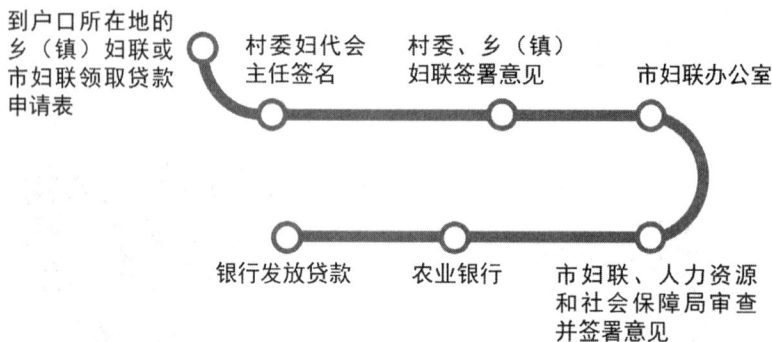

◆ 妇女小额贷款办理流程

都安两万多名妇女创业

　　广西日报（记者/冯辉　通讯员/覃宗华）报道，都安瑶族自治县强化农村贫困家庭妇女创业扶持政策，加大妇女创业扶持力度，激发妇女创业潜力和动力。截至2017年3月5日，都安注册登记市场主体1.5万余户，注册资金65亿多元，从业人员4.82万人，其中妇女2.35万人，占总人数的48%。

　　创新培训方式，提高妇女心理素质和文化水平。都安整合社会各类优势资源，多形式、多渠道、多层次地加大对农村妇女实用技能的培训，培养有文化、懂技术、善经营、会管理的新型女农民。该县妇联、农业、科技、工商等部门举办巾帼创业、特色种养、农村经纪人等培训班100多场次，培训妇女1000多人次。

　　引导妇女进入脱贫主战场，在政策上给予倾斜。近年来，该县共有1761人获得妇女小额贷款，共计1.09亿元；获得贴息1756人，共计1213万元。右江村农村妇女覃姣玲2013年创办玉规甘蔗种植基地，如今"双高"甘蔗种植面积300多亩，2016年实现产值72万元，直接带动40户贫困户脱贫。

案例

五、农民工担保贷款助创业

（一）贷款条件

1 贷款对象

有半年以上进城
务工经历的农民

在法定劳动年龄
内的农民

◆ 农民工创业担保贷款贷款对象

注意：有半年以上进城务工经历或经"第一书记"推荐的农民，持有人力资源和社会保障部门核发的培训合格证书的，在同等条件下优先推荐。

② 贷款的额度、期限

贷款额度：最高贷款额度为10万元。

贷款期限：贷款期限最长不超过2年。

申延期还款，且担保人或担保机构同意继续提供担保的，经办银行可以延期一次，但期限不得超过1年，且延期期间贷款不予贴息。

注意：合同有效期内如遇基准利率调整，按贷款合同签订日约定的贷款利率执行。

（二）如何申请

① 自愿申请

我们贷款人向村（社区）"两委"、基层公共就业服务机构、工会委员会、共青团委员会、妇联或"第一书记"提出申请，填报"广西农民工创业担保贷款申请审核表"（一式四份），并提供以下资料：

1	贷款项目用途说明、抵押担保意向和还款计划
2	劳动合同或村委会出具的外出务工证明（经"第一书记"推荐的农民除外）
3	户口簿、身份证原件及复印件，已婚人员还需要提供结婚证原件及复印件（核原件，收复印件）
4	人力资源和社会保障部门核发的创业培训合格证书原件及复印件（核原件，收复印件）
5	经办银行和担保机构需要提供的其他资料

② 组织推荐

村（社区）"两委"

基层公共就业服务机构

共青团委员会　妇联

工会委员会
或
"第一书记"

初审，出具意见
（5个工作日内）

人力资源和
社会保障部
门审查

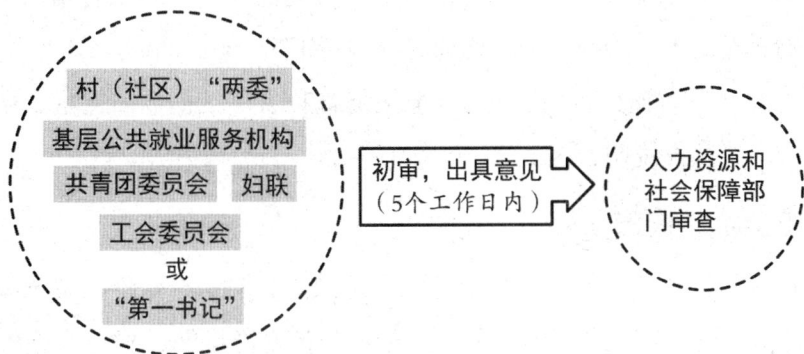

③ 人力资源和社会保障部门审查

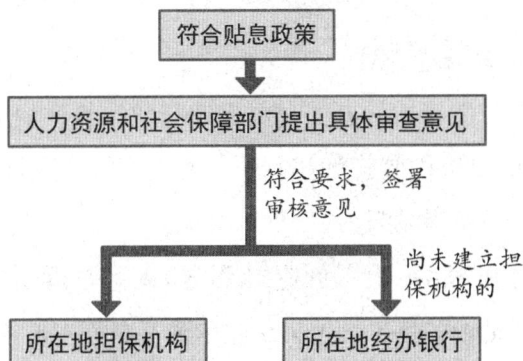

符合贴息政策

人力资源和社会保障部门提出具体审查意见

符合要求，签署
审核意见

尚未建立担
保机构的

所在地担保机构

所在地经办银行

◆ 农民工创业担保贷款审查流程

（1）对既符合国家下岗失业人员担保贷款贴息政策，又符合农民工创业担保贷款贴息政策的，优先推荐纳入下岗失业人员担保贷款贴息政策予以支持，并按照下岗失业人员担保贷款相关规定办理贷款和贴息手续。

（2）对符合自治区农民工创业担保贷款贴息政策的，提出纳入自治区本级农民工专项扶持资金贴息项目的支持意见，将审核合格的申请贷款资料及时报送当地担保机构或经办银行审定。

（3）对不符合下岗失业人员担保贷款和农民工创业担保贷款条件的，会向贷款人说明原因。

4 担保机构担保

担保机构对贷款人相关情况进行实地核实，对符合条件的贷款人办理承诺担保手续，承诺担保后，将贷款人有关资料一并报送当地经办银行审定。对尚未建立担保机构的地区，经办银行在收到相关材料后，应对项目效益计划、信用评估、还款方式、履约责任能力等进行实地考察，审核确定是否同意贷款。

5 经办银行发放贷款

经办银行依据贷款申请的有关材料审定贷款，符合规定的，发放贴息贷款，并在与担保机构签订的担保合同中注明。对不符合贷款条件的，会向我们贷款人说明原因。

注意：在审批和发放农民工创业担保贷款时，不得设置家庭成员有无商业贷款、家庭是否和睦、是否属于非单亲家庭等附加条款。

6 注意事项

（1）反担保方式、范围

我们申请农民工创业担保贷款可根据现有相关规定，采用房产、土地使用权、林权抵（质）押或保证人担保等方式为贷款提供担保或反担保，具体条件由贷款人与运作担保基金的机构协商确定。

反担保人员范围，具有所在地户籍或在所在地工作的下列人员：

| 行政机关事业单位在编在职人员 | 垂直机关工作人员 | 在规模以上企业连续工作五年以上，依法缴纳社会保险的员工 | 列入到地方财政预算的村"两委"干部和公职人员 |

注意：如果3户以上农户遵纪守法、诚实守信、有一定经济实力，可以以联保方式提供反担保。对创业园区和创业孵化基地的商户，可采取商户联保、园区担保等形式提供反担保。

①信用社区推荐的贷款人、妇联组织推荐的创业妇女，凭其与信用社区或妇联组织签订的《借款承诺书》，原则上可免除反担保。

②对参加创业培训并取得合格证书，且创业项目计划书或可行性研究报告经农民工创业担保贷款工作机构评审通过的，也可免除反担保。

（2）贷款贴息管理

按规定据实全额贴息。

贴息资金的计算：贴息资金由经办银行负责计算，计算贴息的时间按照经办银行贷款的结息时间确定。

注意：《广西壮族自治区农民工创业担保贷款实施办法》中明确指出，有下列情形之一的贷款项目，财政不予以贴息。

①贷款品种不符合本办法规定的。

②用于建筑业、娱乐业、销售不动产、转让土地使用权、广告业、房屋中介、桑拿、按摩、网吧、氧吧等经营项目的贷款。

③贷款额度超过本办法第九条规定的最高限额的贷款。

④贷款期限超过2年的贷款。

⑤贷款利率超过中国人民银行公布的贷款基准利率基础上上浮，超过3个百分点的。

⑥延期还款或超过还款期的贷款。

⑦其他不符合财政贴息的贷款。

据了解，广西农民工返乡创业主要涉及种养殖、商贸服务、餐饮旅游、物流加工等行业，具有点多、面广、规模小的特点，农民工创业担保贷款的发放切实解决了农民工创业初期融资难题，为返乡农民工创业插上了致富的翅膀。

截至2016年12月底，全区农民工创业担保贷款总量达到8.2亿元，帮助1万多人实现了创业梦想，有效促进了农民工返乡创业并带动就业，为广西经济社会发展注入新动力。

小贴士

六、资产收益扶贫人人获益

（一）什么是资产收益扶贫

将自然资源、公共资产（资金）或我们农户权益资本股份化，相关经营主体利用这类资产产生经济收益后，我们贫困村和贫困户按照股份特定比例获得收益。

1 公共自然资源入股收益模式

我们贫困村将公共自然资源纳入到资产收益扶贫之中，如水电资源、风能资源、矿产资源等，以入股的方式获得资产收益。

2 **我们农户和村集体自有资源或权益入股模式**

我们贫困村、贫困户自愿将农村土地、森林、荒山、荒地、水面、滩涂等集体资产以及个人土地承包经营权、林权进行流转，直接取得资产收益。鼓励将以上资产量化折股设立农民股份合作社，入股龙头企业、农民合作社、种养大户等经营主体，增加资产收益。

3 **财政专项扶贫资金入股经营的模式**

允许将财政投入到村到户的发展类资金转为村集体和我们贫困户持有的资本金，折股量化到村到户到人，然后投入到有能力、有扶贫意愿、能带动我们就业、增收效果好的龙头企业、农民合作社、种养大户等经营主体获取红利。

4 **财政扶贫资金实施的项目形成资产交由主体经营的模式**

允许将财政扶贫资金量化到我们贫困户直接投入到农业、光伏、水电、乡村旅游等项目形成资产，由村集体、合作社或其他经营主体统一经营，所得收益折股量化给我们贫困村、贫困户。

5 **扶贫小额信贷资金入股经营的模式**

用扶贫资金直接入股份额低，收益不明显；通过扶贫贴息贷款的资金入股份额高，收益高。

如果龙头企业、农村合作经济组织与我们建档立卡贫困户建立利益联合机制，可以利用获得的扶贫小额贷款资金参与扶贫特色优势产业合作经营或入股分红。

（二）扶贫合作项目流程

（1）自治区和市下发政策及财政政策。

（2）村委按政策制订集体经济发展方案。

（3）成立经济组织，宣传方案，吸纳贫困户自愿入股。

（4）贫困户和经济组织签订合同。

（5）建设运营。

◆ 参与委托经营方式使用扶贫小额贷款的贫困户在领取分红（田阳农商行供图）

七、其他贷款扶持走上富裕路

多种贷款方式，帮助我们获得发展所需的启动资金。

（一）广西农村信用社贷款品种

设有农用机械贷款、农户最高限额循环贷款、农户联保贷款、农户小额信用贷款、"致富贷"等贷款品种。

广西农村信用社客服热线电话：966888。

广西农村信用社官方网站：http://www.gx966888.com。

（二）中国农业银行贷款品种

设有农户小额贷款、农村个人生产经营贷款，有针对AA级（含）以上的农业产业化龙头企业的季节性收购贷款等贷款品种。

中国农业银行客户热线电话：95599。

中国农业银行官方网站：http://www.abchina.com。

（三）中国邮政储蓄银行贷款品种

设有传统农户小额贷款、农机购置补贴贷款、农民专业合作社贷款、家庭农场（专业大户）贷款等贷款品种。

中国邮政储蓄银行客服热线电话：95580。

中国邮政储蓄银行官方网站：http：//www.psbc.com。

生活编

>>>

文化:
挖掘新韵味

村村通公告栏

1 　　人民群众既是文化服务的对象，也是文艺创作和文化活动的主导者。地方政府鼓励我们群众举办自创自办、自编自演、自娱自乐的文化活动，并根据具体情况提供便利和公共文化服务。

2 　　非物质文化遗产是我们农村宝贵的财富，调动我们的年轻人从事传统工艺事业，扩大非物质文化遗产传承人队伍，既有益于农村非物质文化遗产的保护，也是我们解决就业的方向之一。

一、乡村文化政策解读

《十三五时期繁荣群众文艺发展规划》
主 要 目 标

　　到2020年，群众文艺工作网络进一步完善，创作生产机制更加健全，影响力进一步增强，广大人民群众参与的主动性和积极性明显提高，审美能力和艺术素养显著提升。

　　基本形成群众创造活力迸发、优秀作品不断涌现、人才队伍日益壮大、文艺活动蓬勃开展的群众文艺繁荣发展新格局。

重点任务

推出优秀群众文艺作品

组织创作优秀群众文艺作品	激发群众文艺原创活力	加强对优秀文艺作品的传承创新

中国文化艺术政府奖群星奖评奖	优秀舞台艺术作品移植改编计划	网络群众文艺作品征集和传播计划

广泛开展群众文艺活动

搭建群众文艺交流展示平台	打造群众文艺活动品牌

积极开展艺术普及活动	扶持和引导群众自办文化活动

优秀群众文艺作品推广活动	"中国民间文化艺术之乡"建设

"戏曲进乡村"活动	"永远的辉煌"中国老年合唱节	中国少年儿童合唱节

"百姓大舞台"网络群众文化品牌活动	广场舞普及推广行动

二、传统工艺也能挣大钱

（一）一图看懂国家战略

2017年3月，国务院办公厅转发了文化部、工业和信息化部、财政部联合制订的《中国传统工艺振兴计划》。《中国传统工艺振兴计划》的颁布，其实就是让老百姓了解传统工艺的好处，吸引和支持更多的青年人来从事传统工艺事业，从根本上解决传统工艺后继无人的问题。

传统工艺是一种活着的文化传统。创新发展传统工艺的模式有多种，既可以为社会创造可供体验的文化空间，又可以发展体验经济，鼓励有一定规模的传统工艺企业完成由普通生产企业向生产、观光、体验、销售的文化综合体转型。

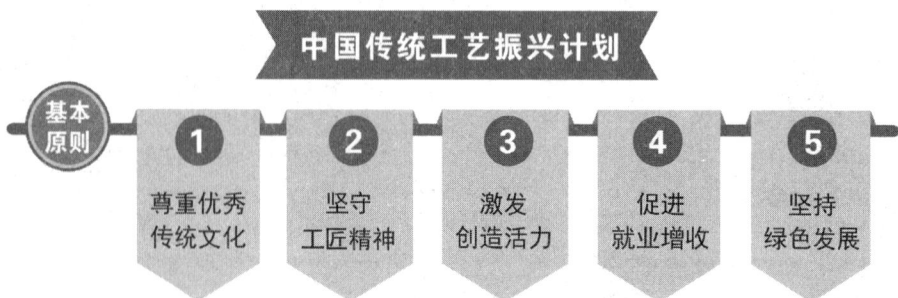

中国传统工艺振兴计划

基本原则

1 尊重优秀传统文化

2 坚守工匠精神

3 激发创造活力

4 促进就业增收

5 坚持绿色发展

建立国家传统工艺振兴目录

主要任务

以国家级非物质文化遗产代表性项目名录为基础，对具备一定传承基础和生产规模、有发展前景、有助于带动就业的传统工艺项目，建立国家传统工艺振兴目录，予以重点支持。

扩大非物质文化遗产传承人队伍

主要任务

扩大非物质文化遗产传承人队伍，形成合理梯队，调动年轻一代从事传统工艺的积极性，并通过多种方式为收徒授艺等传习活动提供支持。

传统工艺作为研修、研习培训计划实施重点

主要任务

依托相关高校、企业、机构，帮助传承人群提高传承能力，增强传承后劲。开展巡回讲习活动，鼓励同行之间或跨行业切磋互鉴，提高技艺水平，提升再创造能力。

加强传统工艺相关学科专业建设和理论、技术研究

主要任务

支持具备条件的高校开设传统工艺的相关专业和课程，积极推行现代学徒制，支持有条件的学校帮助传承人群提升学历水平。鼓励高校、研究机构、企业等设立传统工艺的研究基地、重点实验室等。

（二）创新是最好的保护

广西有很多优秀的传统工艺，与全国的情况相似，同样面临后继乏人、人亡艺绝的困境。要守住传统工艺，最重要的是创新。在对传统的材料、工艺、形态有了全面的认识和体验的基础上进行创新，使它们更能适应和影响当下的生活。

增加文化附加值，个性化定制也能让传统工艺得到传承与发展。因为传统工艺产品的制作多为个性化、差异化、限量化的生产，"定制"很适合为小众服务，甚至满足特定人群的特殊需求。

传统工艺包括很多非物质文化遗产项目，如果我们能充分发挥这一文化优势，多渠道建立销售网络，减少中间环节，提高收入，就能通过手艺脱贫致富，促进传统工艺的传承，传播民族传统文化。

为了提高非物质文化遗产传统工艺项目对现代发展环境的适应能力、帮助传承人发展非物质文化遗产工艺，文化部、教育部已于2016年启动中国非物质文化遗产传承人群研修研习培训计划，2016—2020年，委托有关高校、设计企业等开展多层次教育培训，力争用5年时间培训非物质文化遗产传承人群10万人次。

致富案例

竹篾编出新希望

从贵港中里乡走出去的大山子弟韦军民，将他在江苏的公司搬回广西老家，创立了广西东方尚贤文化有限公司，主要依托中里乡丰富的毛竹研发生产国家非物质文化遗产项目——宫灯和油纸伞。

宫灯和油纸伞手工制作相对简单，适合贫困山区的群众。从毛竹种植，到对毛竹原材料进行生产、加工和回收，人人可参与，人人可就业。

中里乡通过建设毛竹产业园，成立毛竹种植合作社，扶持当地群众发展毛竹种植1500多亩，辐射23个村，惠及近1000多名贫困人口，走出了一条"公司+基地+农户"的产业扶贫路子。

廖孟是当地竹制品制作的老手艺人，60多岁的他也是厂里的老师傅，专门负责教授年轻工人竹篾编织技术。"公司会按照市场价格回收村民们制作好的宫灯和油纸伞半成品。现在来学习的人越来越多，这门手艺在得到传承的同时，也给大家带来了致富希望。"廖孟说。

据了解，目前贵港当地8万多人可以在家手工制作宫灯和油纸伞，并借此增加了收入。（摘自新华社，有删改）

"桂绣"绣出好生活

"桂绣"提炼、整合广西多个世居民族的传统刺绣技艺，以软缎和彩丝为主要原料，展现广西独特的地域文化。广西壮族自治区文化厅主导，广西壮族自治区博物馆、广西织绣发展研究会等承办的广西民族传统织绣培训班开展多年来，采用"政府+公司+农户+基地+市场"的模式，选取贫困乡村作为试点举办培训班，向当地妇女传授"桂绣"技法，通过生产性保护与推广性传承，帮助民众在自己的民族文化资源中脱贫受益。（摘自《广西日报》，有删改）

广西壮族自治区第一批自治区传统工艺振兴项目目录

序号	项目名称	序号	项目名称	序号	项目名称
1	壮族服饰制作技艺	23	仫佬族土布染制技艺	45	侗族草龙草狮制作技艺
2	瑶族服饰制作技艺	24	侗族木构建筑营造技艺	46	油纸伞制作技艺
3	苗族服饰制作技艺	25	苗族吊脚楼营造技艺	47	柳州"棺材"制作技艺
4	侗族服饰制作技艺	26	壮族铜鼓铸造技艺	48	彩灯制作技艺
5	京族服饰制作技艺	27	苗族银饰锻造技艺	49	蓝靛膏制作技艺
6	疍家服饰制作技艺	28	红良打铁技艺	50	龙舟制作技艺
7	壮族织锦技艺	29	毛笔制作技艺	51	钦州造船技艺
8	壮族纺织技艺	30	钦州坭兴陶烧制技艺	52	六堡茶制作技艺
9	壮族染织工艺	31	小江瓷器手工制作技艺	53	北海贝雕
10	瑶族织绣技艺	32	壮族夹砂陶制作技艺	54	合浦角雕
11	苗族织锦技艺	33	仫佬族煤砂罐制作技艺	55	毛南族木雕
12	壮族刺绣	34	陶器制作技艺	56	毛南族石刻
13	壮族堆绣	35	鼎罐铸造技艺	57	石雕
14	瑶族刺绣	36	毛南族花竹帽编织工艺	58	防城彩石雕刻
15	苗族刺绣	37	竹编技艺	59	桂林石刻传拓技艺
16	侗族刺绣	38	芒编技艺	60	剪纸技艺
17	仫佬族刺绣	39	藤编技艺	61	玉林羽毛画
18	壮族绣球制作技艺	40	草席制作技艺	62	农民画
19	上林渡河公制作技艺	41	德保麦秆花篮制作技艺	63	点米成画
20	壮族麽乜制作技艺	42	平南三利小刀锻制工艺	64	苗族竹编书画
21	苗族亮布制作技艺	43	石南小刀锻制工艺	65	傩面具
22	苗族蜡染手工技艺	44	苗族芦笙制作技艺	66	纸扎工艺

三、好戏曲送到家门口

2017年6月，中宣部、文化部、财政部联合印发的《关于戏曲进乡村的实施方案》提出，到2020年，在全国范围内实现戏曲进乡村制度化、常态化、普及化，增加农村公共文化服务总量，以解决农民看戏难的问题。以后，农民朋友在场院村头，甚至在家门口，就能欣赏到饱含浓郁乡情与泥土韵味的戏曲。

（一）彩调剧

彩调剧是广泛流传于广西城乡的主要剧种之一，2006年彩调剧列入中国第一批国家级非物质文化遗产名录。彩调俗称调子、彩灯、哪嗬嗨等，源于桂林农村地区的歌舞及说唱，已有近两百年的历史。彩调具有浓郁的民族风格和地方特色，大多以地方方言为主，形式谐趣活泼，有"快乐的剧种"之称，深受人民群众喜爱。20世纪60年代初，广西彩调剧《刘三姐》巡演全国，红遍大江南北，曾经五进中南海，四进怀仁堂，可见其影响之深远。

"戏曲进乡村"，看戏去！

阿牛哥，你去哪儿？

◆ 好戏就在家门口

彩调剧主要代表作品有《刘三姐》《哪嗬咿嗬嗨》《龙女与汉鹏》《三朵小红花》《二女争夫》《隔河看亲》《换子记》《半夜拜菩萨》《五子图》《还珠洞》《花山情祭》《梦里听竹》《苗山妹子》《谷魂》《哎呀，我的小冤家》《王三打鸟》《地保贪财》《双簧旦》等。

（二）壮剧

壮剧是广西壮民族的代表剧种。壮族人民在历史的发展过程中，创造了丰富的民间故事、民间说唱、舞蹈杂耍、民间音乐、喜庆庙会，它们给戏曲的产生提供了条件。色彩艳丽的壮锦刺绣和朴实大方的干栏建筑，为壮剧舞台美术提供了依据。2006年，壮剧艺术列入中国第一批国家级非物质文化遗产名录，主要代表作品有《歌王》《瓦氏夫人》《天上恋曲》《赶山》《宝葫芦》《金花银花》《羽人梦》《月满桂华江》《玉佩之谜》《叻》《百鸟衣》等。关于布洛陀、布伯、莫一大王等的远古神话长期流传于民间，鼓舞着人们战胜各种困难，有的后来被改编成为壮剧的传统剧目。

（三）桂剧

桂剧是广西的主要地方剧种，主要流传于桂林、柳州一带，形成于清代道光、光绪年间。它以弹腔为主，兼唱高腔、昆腔、吹腔及杂腔小调等五种声腔艺术。桂剧用桂林方言演唱，唱腔委婉动听、清澈明亮，表演侧重于做工，注重以细腻而富于生活气息的表演手法塑造人物，具有浓郁的乡土气息。桂剧以生、旦、净、丑四大行当为主，生行又分生、末、外、小、武，旦行中又分旦、占、贴、夫，净行则分为净、副、末净，丑行只分丑和小丑。在艺术风格上，桂剧表演细腻婉转，富于生活情趣，即使是武戏，也多是文做。伴奏音乐亦由大锣、大钹转以丝弦为主。桂剧具有手花、马步、跳台、摆枪、跳加官等特有表演程式。历代桂剧艺人创造了许多表演特技，如"跌箱功""罗帽功""獠牙功""紫金冠功""打叉功""舌花功""吊辫功""阴阳眼""扑桌功""变脸功"等。

桂剧主要代表作品有《七步吟》《欧阳予倩》《打棍出箱》《拾玉镯》《狮醒》《哑背疯》《打堂》《姐妹游春》《烈火南关》《白蛇传》《五女拜寿》《奇巧姻缘》《秦香莲》《姐妹易嫁》《西厢记》《人面桃花》《梁山伯与祝英台》《红楼梦》《珍珠塔》《闹严府》《富贵图》《黄鹤楼》《花田错》等。

小贴士

《大儒还乡》

《大儒还乡》是广西桂林市桂剧团精心打造的精品节目。它讲述了广西历史名人、清代一品官吏、东阁大学士兼工部尚书陈宏谋一生清正廉洁、求真务实的感人事迹。

在年逾古稀的陈宏谋取道运河回广西桂林老家养老之际，偶然得知自己20年前在陕西推行的种桑织绢之举，实际上是一起坑农、害农的假政绩，他离任后，所创"秦绢"名牌，成了后继官员的面子工程、造假工程。大儒陈宏谋痛切反思，就此演绎出官场君臣、师生、亲情的大碰撞。而在封建王权下，陈宏谋求真之路终未果，在对清澈漓江的无限向往中客死异乡。

该剧曾先后获国家舞台艺术精品工程优秀剧本奖、第九届中国戏剧节"中国戏剧奖·优秀表演奖"、全国地方戏剧优秀剧目评比展演一等奖等奖项。

四、村风、乡风与家风

无规矩不成方圆，每一个小家有自己的家风、家训，每一个小家聚集在一起，就组成了我们的乡村大家庭。乡村的美，不仅仅是物质上的充裕与富足，更是精神上的高洁与充实。近些年来，政府一如既往地花大力气推动乡村建设，我们的物质生活水平得到了质的飞跃。但是反观我们的身边，封建迷信、聚众赌博、乱扔垃圾等乡村不文明现象仍然小范围地存在。解决这些问题，一方面需要乡村建立完善的村约村规，另一方面更需要我们每一个人自觉维护好、发扬好我们的村风、乡风与家风。

良好村风小案例

总书记问"奉贤" 村书记话"家风"

2017年3月5日下午，中共中央总书记、国家主席、中央军委主席习近平参加第十二届全国人大第五次会议上海代表团审议时，上海市奉贤区南桥镇杨王村党支部书记孙跃明向总书记讲述了村里以家训带家风，以家风树村风，以村风扬民风的事例，一口气给总书记讲了好几个村里的"家长里短"。

有个村民因患病卧床不起，但是他家两亩半的黄桃却到了要包果的时候，他又是家里唯一的劳动力，对此非常发愁，如果再不包就要过了最佳时期，今年就没收成了。顾月莲了解了他家的困难后，发动12名村民一起顶着酷暑帮他家修剪、打农药、包桃子，虽然大家很累，但是大家都说："都是几十年的老邻居了，谁家有困难，我们帮忙都是应该的。"

他还讲了"60岁老人照顾90岁老人"的事迹。钟琴秀的老母亲已是90岁高龄，下楼时摔倒导致瘫痪，大小便失禁。钟琴秀夫妇每天帮母亲洗漱、喂饭、按摩、翻身，十多年来每天都重复着这些烦琐而又必需的护理工作。60岁的钟琴秀说："是父母给予了我生命，现在他们年纪大了，生病了，孝老爱亲是我义不容辞的责任！"钟琴秀在杨王村竖起了敬老孝亲的榜样。她的家训是"孝亲敬老，家庭和睦"。

孙跃明自豪地向总书记报告说："我们村在新农村建设道路上敢作敢为，因为我们心里装着群众，手里做着群众希望我们做的事情。"（节选自《中国儿童妇女报》，有删改）

乡村文明行动宣传标语口号

（1）文明乡村大家创，文明成果大家享。

（2）人人动手，清洁美化我们的家园。

（3）破除陈规陋习，倡导健康生活。

（4）清洁乡村人人参与，美化环境家家受益。

（5）清洁美化家园，让乡村水更清、地更绿、天更蓝。

（6）生产发展、生活宽裕、乡风文明、村容整洁、管理民主。

（7）植树栽花种草，清污治乱除脏。

（8）户户树新风，人人讲公德。

（9）讲文明，改陋习，树新风。

（10）乡村是我家，洁美靠大家。

（11）村庄家园美起来，精神面貌新起来。

（12）乡村不大好人情，人口不多好品行。

（13）金乡邻，银亲眷；邻居好，赛金宝。

（14）高奏文明曲，共走致富路。

（15）文明铺设七彩路，小康进入万家门。

党的十八大以来，习近平总书记高度重视宣扬良好的家风，并指出："家风好，就能家道兴盛、和顺美满，家风差，难免殃及子孙，贻害社会。"我们的"小家"连着"大家"，宣扬和传承良好的家风，可以净化社会不良风气，引领社会新风尚。2014年，中央电视台"新村走基层"做了"家风是什么"的专题节目。在节目中，我们看到在社会上每个个体身上所承载的家风、家训。正是这些一代代沿袭下来的家风、家训，铸就了中华民族安分守己、温和敦厚的民族气质。

在中华民族源远流长的历史中，流传着许多家风、家训故事，它们对我们今天宣扬良好的家风仍然有启示意义。

◆ 捶捶背，乐融融

1 《颜氏家训》

说到中国历代以来最有名的家训，不得不提到《颜氏家训》，它的作者是我国南北朝时期著名的学者颜之推。颜之推一生历四朝，经历乱世，饱尝苦辛，仕途不畅，但是一本《颜氏家训》却让他的名字流传千古。《颜氏家训》也被誉为"古今家训之祖"。

《颜氏家训》是以传统儒家思想为基础，结合颜之推的生存经验，教育子弟处事治学的道理。《颜氏家训》中许多章节仍然不失为家庭教育的范本。

《颜氏家训》精选十句：

（1）吾见世间无教而有爱，每不能然，饮食运为，恣其所欲，宜诫翻奖，应呵反笑，至有识知，谓法当尔，骄慢已习，方复制之，捶挞至死而无威，愤怒日隆而增怨，逮于成长，终为败德。（《颜氏家训·教子篇》）

解析：我见到世上那种对孩子不讲教育而只有慈爱的，常常不以为然，要吃什么，要干什么，任意放纵孩子，不加管制，该训诫时反而夸奖，该训斥责骂时反而欢笑，到孩子懂事时，就认为这些道理本来就是这样，直至骄傲急慢已经成为习惯时，才开始去加以制止，此时纵使鞭打得再狠毒也树立不起威严，愤怒得再厉害也只会增加孩子的怨恨。

（2）教妇初来，教儿婴孩。（《颜氏家训·教子篇》）

解析：新媳妇要在刚过门时立规矩，孩子的教育要从婴孩时就开始。指对一个人施加教育应该及时及早。

（3）人生小幼，精神专利，长成已后，思虑散逸，固须早教，勿失机也。（《颜氏家训·教子篇》）

解析：人在幼年的时候，注意力集中，容易专心，长大成人后就不是这样了，变得精神涣散，难以专心，所以需要在幼年的时候对人进行教育，千万不要错过这个大好时机。

◆ 爸爸，你也来泡泡脚

（4）夫风化者，自上而行于下者也，自先而施于后者也，是以父不慈则子不孝，兄不友则弟不恭，夫不义则妇不顺矣。（《颜氏家训·治家篇》）

解析：教育感化这件事是从上向下推行的，是从先向后施行影响的，所以父不慈就子不孝，兄不友爱就弟不恭敬，夫不仁义就妇不温顺了。

（5）然则可俭而不可吝已，俭者，省奢，俭而不吝，可矣。（《颜氏家训·治家篇》）

解析：可以俭省而不可以吝啬，俭省是合乎礼的节省，吝啬是在困难危急时也不体恤。当今常有讲施舍就成为奢侈，讲节俭就进入到吝啬，如果能够做到施舍而不奢侈，俭省而不吝啬，那就很好了。

（6）人在年少，神情未定，所与款狎，熏渍陶染，言笑举动，无心于学，潜移暗化，自然似之，何况操履艺能，较明易习者也！（《颜氏家训·慕贤篇》）

解析：人在年少的时候，精神意态还未定型，和人家交往亲密，受到熏陶

感染，人家的一言一笑、一举一动，即使无心去学习，也会潜移默化，自然相似，何况人家的操行技能，是更为易于学习的东西呢！

（7）与善人居，如入芝兰之室，久而自芳也；与恶人居，如入鲍鱼之肆，久而自臭也。（《颜氏家训·慕贤篇》）

解析：和善人住在一起，就像进了开满兰花的房间，久而久之自己也满身芳香；和恶人住在一起，就像进了卖咸鱼的商店，久而久之自己也满身臭气了。

（8）夫所以读书学问，本欲开心明目，利于行耳。（《颜氏家训·勉学篇》）

解析：读书做学问的本意在于使心胸开阔，使眼睛明亮，以有利于做实事。

（9）多为少善，不如执一；鼷鼠五能，不成伎术。（《颜氏家训·省事篇》）

解析：做得多而做好的少，还不如专心做好一件事；鼷鼠虽然有五种本事，但是这些本事都成不了技术。

（10）夫生不可不惜，不可苟惜，涉险畏之途，干祸难之事，贪欲以伤生，谗慝而致死，此君子之所惜哉！行诚孝而见贼，履仁义而得罪，丧身以全家，泯躯而济国，君子不咎也。（《颜氏家训·养生篇》）

解析：命不能不珍惜，也不能苟且偷生，走上邪恶危险的道路，卷入祸难的事情，追求欲望的满足而丧生，进谗言、藏恶念而致死，君子应该珍惜生命，不应该做这些事。干忠孝的事而被害，做仁义的事而获罪，丧一身而保全家，丧一身而利国家，这些都是君子在所不惜而不需要责备的。

② 郑板桥"去薄存厚"

焦山双峰阁寄舍弟墨

郝家庄有墓田一块，价十二两，先君曾欲买置，因有无主孤坟一座，必须刨去。先君曰："嗟乎！岂有掘人之冢以自立其家者乎！"遂去之。但吾家不买，必有他人买者，此冢仍然不保。吾意欲致书郝表弟，问此地下落，若未售，则封去十二金，买以葬吾夫妇。即留此孤坟，以为牛眠一伴，刻石示子孙，永永不废，岂非先君忠厚之义而又深之乎！夫堪舆家言，亦何足信。吾辈存心，须刻刻去浇存厚，虽有恶风水，必变为善地，此理断可信也。后世子孙，清明上冢，亦祭此墓，卮酒、只鸡、盂饭、纸钱百陌，著为例。雍正十三年六月十日，哥哥寄。

郑板桥是我国清代著名的文人画家，这段古文是郑板桥写给他弟弟的一封信里的。信中说：郑板桥已经去世的父亲曾经想要买下一块风水宝地作为墓地，但是到了之后却发现这块墓地中间有一座孤零零的无主孤坟。卖地的人表示只要买下，立刻就可以把孤坟挖走。郑板桥的父亲没有同意，弃之而去。郑板桥知道了这件事后，跟他的弟弟说，这块地即使他们不买也会有别人买，那么那座无主孤坟也一定会被刨去。他请弟弟前去询问那块地是否已经卖出，如果没有卖出，自己就买下来以后作为自己和妻子的墓穴，并且要刻下石碑警示子孙不可刨去孤坟。郑板桥认为，假如存着这样宽厚的心，那么即使是险恶的地方，也会变成风水宝地。"去薄存厚"也就是去除浮薄，留下厚道的意思。

五、优秀文艺作品

（一）文学作品

1 《平凡的世界》

《平凡的世界》是中国作家路遥创作的一部全景式地表现中国当代城乡社会生活的长篇小说，全书共三部。该书以中国20世纪70年代中期

到80年代中期的十年间为背景，通过描写以孙少安和孙少平两兄弟为中心的矛盾纠葛，刻画了当时社会各阶层众多普通人的形象；劳动与爱情、挫折与追求、痛苦与欢乐、日常生活与巨大社会冲突纷繁地交织在一起，深刻地展示了普通人在大时代历史进程中所走过的艰难曲折的道路。

② 《邓小平时代》

哈佛大学傅高义教授倾十年心力完成的《邓小平时代》，是对邓小平跌宕起伏的一生以及中国惊险崎岖的改革开放之路的全景式描述。作者以丰富的史料、国内外重要的研究成果、档案资料和为数众多的独家访谈为基础，对邓小平个人性格及执政风格进行了深层分析，并对中国改革开放史进行了完整而独到的阐释。全书人物及事件众多，既有对毛泽东、周恩来、邓小平、陈云等人相互关系的细致解读，又有对中共三中全会、中美建交、政改试水、经济特区、"一国两制"、南方谈话等重大事件和决策的深入分析。全书持论严谨、脉络清晰、观点鲜明、叙述生动，力图使人物言行符合历史情境，对改革开放的历史进程亦有独特看法，引人深思，被誉为邓小平研究中"纪念碑式"的著作。

③ 《出梁庄记》

梁庄的打工者在城市打工时间最长的超过30年，最短的才刚刚踏上漂泊之程。中国有近2.5亿名农民和梁庄打工者一样，他们是中国特色农民，长期远离土地，寄居城市，他们对故乡已经陌生，对城市未曾熟悉。然而，他们构成完整的农村与城市，构成完整的中国。《出梁庄记》主要描写了51个从梁庄外出打工的人物，其中外出务工时间长达20年以上的有26个，外出务工时间10年以上的有15个，平均外出打工时间为16.7年。本书讨论了以下一些问题：他们进入了中国的哪些城市？做什么样的工作？如何流转？他们与城市以什么样的关系存在？他们怎样思考梁庄，是否想回去？怎样思考所在的城市？怎样思考自己的生活？他们的历史形象，他们的身份，是如何被规定、被约束，并最终被塑造出来的？

4 《人民的名义》

《人民的名义》是一部反腐题材的长篇小说，讲述一位国家部委的项目处长被人举报受贿千万，当最高人民检察院反贪总局侦查处处长侯亮平前来搜查时，看到的却是一位长相憨厚、衣着朴素的"老农民"在简陋破败的旧房里吃炸酱面。当这位腐败分子的面具被最终撕开的同时，与此案件牵连甚紧的H省京州市副市长丁义珍，却在一位神秘人物的暗中相助下，以反侦察手段逃脱法网，流亡海外。案件线索最终定位于由京州光明湖项目引发的一家H省国企大风服装厂的股权争夺，牵连其中的各派政治势力却盘根错节，扑朔迷离。H省检察院反贪局长陈海在调查行动中遭遇离奇的车祸。为了完成当年同窗的未竟事业，精明干练的侯亮平临危受命，接任陈海未竟的事业。在H省政坛，以H省委副书记、政法委书记高育良为代表的"政法系"和以H省委常委、京州市委书记李达康为代表的"秘书帮"相争多年，不分高下。新任省委书记沙瑞金的到来，注定将打破这种政治的平衡局面，为H省的改革大业带来新的气息……

（二）实用小书

1 农家书架丛书·种植技术一本通（广西科学技术出版社）

（1）《百香果高产栽培一本通》

（2）《甘蔗高产栽培一本通》

（3）《食用菌栽培一本通》

（4）《火龙果栽培一本通》

（5）《柑橘栽培一本通》

2 农家书架丛书·养殖技术一本通（广西科学技术出版社）

（1）《高效养猪技术一本通》

（2）《散养鸡管理一本通》

（3）《稻田生态种养技术》

（4）《现代生态养殖技术实施一本通》

（5）《高效水产养殖技术一本通》

3 农家书架丛书·健康知识一本通（广西科学技术出版社）

（1）《地中海贫血防治一本通》

（2）《肝癌防治一本通》

（3）《孕产期保健一本通》

（4）《肺癌防治一本通》

（5）《鼻咽癌防治一本通》

（6）《孕婴营养一本通》

（7）《中老年营养一本通》

（三）优秀儿童读物

（以下图书皆为漓江出版社出版）

《床单精灵》

《只有一天》

《小伤疤》

《原来妈妈也有起床气》

《爷爷的摇椅》

◆ 漓江出版社天猫旗舰店，扫码购书

（四）影视作品

1 《冯子材》

《冯子材》是由中宣部和广西壮族自治区党委宣传部、广西电视台、浙江唐德影视股份有限公司共同出品的爱国主义题材电视连续剧，由丁黑执导，马少骅、巍子、管乐、司珂华、蒋恺、魏炳桦、王千航、焦刚等主演，2014年上映。该剧讲述了民族英雄冯子材保家卫国、抵御外辱的故事。

2 《第一书记》

《第一书记》是由陈国星导演，杨立新、徐帆、何冰等人主演的一部主旋律影片，于2010年7月上映。

影片讲述了安徽省凤阳县小岗村党支部第一书记沈浩，克服种种困难，带领小岗村村民脱贫致富奔小康的故事。

沈浩在小岗村任职近6年，带领村民脱贫致富，使中国农村改革的发源地小岗村有了突飞猛进的大发展。2006年底，沈浩在小岗村任职三年届满，村民强烈要求把沈浩留下来，二十多年前集体按下手印的故事再次在小岗村发生。村民派了十个代表，在留任请求书上按下手印并到安徽省党委组织部、财政厅要求沈浩留在小岗村，再带领他们干三年。

2009年11月6日，沈浩在小岗村临时租住的房子内去世，年仅46岁。

3 《秋菊打官司》

《秋菊打官司》是1992年上映的一部农村题材的电影，故事改编自陈源斌的小说《万家诉讼》，由张艺谋执导，刘恒编剧，巩俐、雷恪生、刘佩琦等主演。该片主要讲述了农村妇女秋菊为了一口气，讨个说法向村主任踢伤丈夫的事情提起复议并最终胜诉的故事。

◆ 扫码观看电影《秋菊打官司》

4 《我的父亲母亲》

《我的父亲母亲》是1999年上映的一部电影，根据鲍十小说《纪念》改编，由张艺谋执导，章子怡、郑昊、孙红雷主演。该片以男主角玉生自传形式讲述了对父母感人至深爱情的回忆。现实部分用黑白表现，回忆部分用彩色表现，现在时的冰冷现实与过去时的美好回忆形成强烈反差。父亲是一名普通的乡村教师，一生勤勤恳恳、兢兢业业地教书。奔丧期间，玉生充分感受到淳朴的乡情和母亲对父亲深挚的怀念，他不由得回想起小时候就听说过的父亲和母亲当年的爱情故事。

5 《亲爱的》

《亲爱的》是2014年出品的一部"打拐题材"电影，由陈可辛执导，张冀编剧，赵薇、黄渤、佟大为、郝蕾、张译等主演。电影讲述以田文军为首的一群失去孩子的父母去寻找孩子以及养育被拐孩子的农村妇女李红琴如何为寻找孩子做抗争的故事。

◆ 扫一扫，观看电影《亲爱的》

六、广西民间故事

（一）"歌仙"刘三姐的故事

人人都说广西是"山歌的海洋"，刘三姐就是这海洋中的"歌仙"。在广西，流传着各种各样关于刘三姐的故事。

传说，刘三姐在家中排行第三，所以大家都叫她刘三姐。刘三姐从小喜爱唱歌，其悠扬的歌声传遍了四里八乡。在村子里长大的刘三姐，常常见到村民们被土豪劣绅欺压的惨状，于是她的歌声总是替穷人们唱出他们的心声，为村民们鸣不平。虽然刘三姐因此得到了村民们的喜爱，但是也遭到了财主们的嫉恨。

当地有一个叫作莫怀仁的财主，既倾慕刘三姐的美貌与才情，又仇

视刘三姐总与自己作对，于是使计想要强逼刘三姐给自己做小妾。刘三姐面对财主的强逼，坚强不屈，并且用自己的歌声反驳财主，并奚落财主的贪得无厌。于是，莫怀仁对刘三姐怀恨在心。刘三姐的哥哥看到这样的情况，很担心刘三姐会遭到莫怀仁的迫害，于是带着刘三姐迁居到了柳州小龙潭。

刘三姐的哥哥深知刘三姐耿直的性格，害怕她心直口快再次惹来祸事，便与刘三姐订下难以完成的约定：只要刘三姐能将一块手帕从严丝无缝的一块鹅卵石中间穿过，她才能继续唱歌。这个严苛的约定，让刘三姐的歌声在一段时间里销声匿迹。

谁知，这件事情让曾经被刘三姐美妙的歌声打动的天上七仙女知道了，听不到刘三姐的歌声，她们觉得非常惋惜。于是，七仙女悄悄下凡并施下法术，在鹅卵石中间穿了一个洞，让刘三姐顺利地将手帕穿过鹅卵石。从此，刘三姐的歌声在人间再次响起。

虽然刘三姐的故事带有奇幻的神秘色彩，但是刘三姐的歌声却一直在人间传唱。许多刘三姐唱的脍炙人口的歌曲，我们都耳熟能详，其中最广为人知的唱段就是以下这一段：

> 嘿——什么水面打跟斗，嘿了了啰；
> 什么水面起高楼，嘿了了啰；
> 什么水面撑阳伞，什么水面共白头；
> 嘿——什么水面撑阳伞，什么水面共白头欸。
>
> 嘿——鸭子水面打跟斗，嘿了了啰；
> 大船水面起高楼，嘿了了啰；

荷叶水面撑阳伞，鸳鸯水面共白头；

嘿——荷叶水面撑阳伞，鸳鸯水面共白头。

嘿——什么结果抱娘颈，嘿了了啰；

什么结果一条心，嘿了了啰；

什么结果包梳子，什么结果披鱼鳞；

嘿——什么结果包梳子，什么结果披鱼鳞欸。

嘿——木瓜结果抱娘颈，嘿了了啰；

芭蕉结果一条心，嘿了了啰；

柚子结果包梳子，菠萝结果披鱼鳞；

嘿——柚子结果包梳子，菠萝结果披鱼鳞。

嘿——什么有嘴不讲话，嘿了了啰；

什么无嘴闹喳喳，嘿了了啰；

什么有脚不走路，什么无脚走千家；

嘿——什么有脚不走路，什么无脚走千家欸。

嘿——菩萨有嘴不讲话，嘿了了啰；

铜锣无嘴闹喳喳，嘿了了啰；

财主有脚不走路，铜钱无脚走千家；

嘿——财主有脚不走路，铜钱无脚走千家。

嘿——心想唱歌就唱歌。

◆扫一扫，观看电影《刘三姐》

（二）壮族神话故事——《特掘扫墓》

传说在古时候，有一位壮族老妪，她没有子嗣。有一次，有一只受伤的小蛇跑进了她家中，老妪见它可怜，便给它敷药治疗伤口。小蛇伤愈却没有离去，想要给好心的老妪做儿子。老妪说："我们人类没尾巴，你要给我做儿子，就得斩去尾巴。"小蛇于是忍痛割掉了一截尾巴，给老妪做了儿子。于是人们就把小蛇叫作"特掘"，"特"在壮语里是男的意思，"掘"在壮语里是短尾巴的意思，人们就把老妪叫作"乜掘"，"乜"是壮语母亲的意思。从此，乜掘就把特掘当儿子养着。

后来，老妪因病去世了，村民们纷纷赶来给老妪入殓。悲伤的特掘使出法术，用一阵风把入殓的老妪卷到了大明山的最高峰，那天正是农历三月三。之后每到这个日子，大明山山顶总是狂风暴雨，村民一看就知道，这是特掘回来祭祀他的妈妈了。

人们为了歌颂特掘的孝心，歌颂孝道，就建造了"妲婆庙"（或者叫"姥婆庙"，壮语），这就是平常说的"龙王庙"。

伴随着壮族的祖先骆越民族的文化传播和影响，蛇的形态后来就融入中华图腾龙的形态里，后来特掘就成了龙的化身，升格成了最初的龙，因此特掘又称为掘尾龙。大明山便成了天然的巨形圣坟，成为古时候壮族人心灵的信仰，认为人死了，灵魂也会飞回大明山。因此，大明山又被认为是祖宗的墓，是壮族神话传说里的圣山，各地祭拜的神庙都朝向大明山。之后壮族人传统上扫墓的时间便定在三月三。相传壮族祭祀祖先时要煮五色糯米饭，是因为特掘身上有五种颜色，人们为了纪念它，每逢三月三就要做黑、红、黄、紫、白五种颜色的糯米饭。

（三）壮族织锦技艺

壮锦，与云锦、蜀锦、宋锦并称为中国四大名锦，是广西壮族人民的传统手工织锦。壮锦历史悠久，壮族先民在汉代就纺织出了"斑布"，这是壮锦的前身。在广西罗布泊湾寒母的七号残葬坑内发掘出土的数块橘红色回纹织锦残片，证实了广西在汉代就已经有了织锦技艺。壮锦真正形成是在唐宋，经过长期的发展，形成了三大种类、二十多个品种和五十多种图案。壮族多使用棉线和丝线编织，图案生动，配色鲜艳，技艺精巧，结实耐用。2006年，广西壮族自治区壮族织锦技艺被列入中国国家非物质文化遗产名录。

关于壮锦，还有一个动人的传说。在很久以前，有一位壮族的母亲带着自己的三个儿子住在一座偏远的山的山脚下。这位母亲有一手精巧的壮锦编织技艺。有一天，她编织出了一幅精美绝伦的壮锦，上面有山水房屋、田园牲畜，呈现一派欣欣向荣的景象。没想到这幅织锦被天上的一位仙女看到，她深深地喜欢上了这幅织锦，于是施行法术让一阵风把这幅织锦卷上了天宫。这位母亲无奈之下让三个儿子前去寻回。大儿子、二儿子拿着盘缠一去不回，只有三儿子在大石马的帮助下，跨过火山和大海，找到仙女，寻回了壮锦。小儿子带着壮锦回到家中，展开的壮锦竟变成了一个个实物。那位仙女太喜欢这幅壮锦了，于是在上面绣上了自己的画像，并变成了一个漂亮的小姑娘。于是三儿子与她结为夫妻，过上了幸福的生活。

◆ 壮族织锦

（四）2018戊戌狗年对联推荐

（1）犬守平安日；梅开如意春。

（2）戌日耀吉瑞；狗年臻福祥。

（3）日新月异鸡报晓；岁吉年祥狗看门。

（4）戊岁祝福万事顺；狗年兆丰五谷香。

（5）狗护一门喜无恙；人勤四季庆有余。

（6）瑞雪翩翩丰收景；犬蹄朵朵报春花。

（7）四季平安黄犬誉；九州锦绣玉龙飞。

（8）方观竹叶舒鸡爪；又赏梅花印犬蹄。

（9）风流一代玩狮夜；气象千端入犬年。

（10）月异日新鸡报晓；年祥岁吉犬开门。

（11）月明柳下虫鱼静；日照人间鸡犬喧。

（12）月明松下房栊静；日照云中鸡犬喧。

（13）日新月异雄鸡去；国泰民安玉犬来。

（14）犬画红梅臻五福；鸡题翠竹报三多。

（15）金鸡献瑞钦郅治；玉犬呈祥展宏猷。

（16）鸡司晨阳光灿烂，前程似锦；犬守夜岁月峥嵘，美景如春。

（17）金鸡报好音，家家幸福；玉犬迎新岁，户户安康。

（18）天狗下凡春及第；财神驻足喜盈门。

（19）丰年富足人欢笑；盛世平安犬不惊。

◆ 努力脱贫，幸福来临

（五）趣味农谚

（1）天上鱼鳞斑，地上晒谷不用翻。

（2）蜘蛛张了网，必定大太阳。

（3）鸡在高处鸣，雨止天要晴。

（4）四月初八晴，瓜果好收成。

（5）五月南风下大雨，六月南风飘飘晴；六月十九，无风水也吼。

（6）雨浇上元灯，日晒清明种。

（7）清明蒜不在家，数伏蒜不在地。

（8）谷雨前后，安瓜点豆。

（9）榆钱黄，种地忙。

（10）立夏栽茄子，立秋吃茄子。

（11）柳毛掉，乱撒稻。

（12）六月六见谷秀。

（13）入伏不点豆，点豆收不够。

（14）立秋见稻穗。

（15）秋分不起葱，霜降必定空。

（16）处暑不出头，割下喂老牛。

（17）霜降腌白菜，立冬不使牛。

健康：健康新理念

村村通公告栏

1. 2017年10月18日，党的十九大工作报告中，习近平总书记提出："要实施健康中国战略。人民健康是民族昌盛和国家富强的重要标志。要完善国民健康政策，为人民群众提供全方位全周期健康服务。"

2. 2017年，在广西卫生与健康大会上，广西壮族自治区党委书记彭清华指出，要推动卫生与健康工作由"以治病为中心"向"以健康为中心"转变，从注重"治已病"向注重"治未病"转变，加强重大疾病防治，保障重点人群健康。

3. 2017年4月，广西出台了《关于推进健康广西建设的决定》及《"健康广西2030"规划》等1+10个系列配套文件，明确当前和今后一段时期全面推进健康广西建设。

一、健康广西

（一）"健康广西2030"

2017年6月，广西印发的《"健康广西2030"规划》中提出，到

2030年，广西要实现5个目标：

（1）全区人民健康水平持续提升。

（2）主要健康危险因素得到有效控制。

（3）健康服务能力大幅提升。

（4）健康产业规模显著扩大。

（5）促进健康的制度体系更加完善。

"健康广西2030"建设主要指标（节选）

领域	指标	2020年	2025年	2030年
健康水平	人均预期寿命（岁）	77.5	78.5	79.5
	婴儿死亡率	7.5‰以下	6.0‰	4.5‰
	5岁以下儿童死亡率	9.5‰以下	7.5‰	5.6‰
	孕妇死亡率	18.0/10万以下	14.5/10万	11.5/10万
	城乡居民达到《国民体质测定标准》合格以上的人数比例	90.6%	91.5%	92.2%
健康生活	居民健康素养水平	18%	25%	30%
	应急救护知识和技能普及率	4%	15%	20%
健康服务与保障	基本医疗保险参保率	95%	95%	95%
	重大慢性病过早死亡率	比2015年降低10%	比2015年降低20%	比2015年降低30%
	每千常住人口执业（助理）医师数（人）	2.3	2.7	3.0
	个人卫生支出占总费用的比重	28%左右	27%左右	25%左右
健康环境	设区城市空气质量优良天气比率	91.5%	持续改善	持续改善
	地表水质量达到或好于Ⅱ类水体比例	96.2%	持续改善	持续改善
	禽畜圈养率	85%	90%	95%
健康产业	健康服务业总规模（千亿元）	4	6	8

（二）广西健康扶贫新亮点

治"病源"拔"穷根"，缓解"看病难、看病贵"！这些医改政策咱们需要了解！

1 减少因病致贫，重大疾病更有保障了

2017年，广西发布的《广西健康扶贫攻坚行动计划（2017—2020年）》提出，要解决农村贫困人口"因病致贫、因病返贫"问题。

（1）到2018年，贫困县乡镇卫生院基础设施达标率100%；到2020年，贫困县县级医疗卫生机构业务用房和公共卫生机构设施达标率100%，县域内就诊率提高到90%左右，个人就医费用大幅降低。

（2）城乡居民基本医疗保险参保有缴费补助，缴费部分由财政部门按个人缴费标准的60%以上给予补助。

（3）医保住院费用报销比例提高5个百分点；大病保险起付线降低50%，报销比例提高10个百分点。

（4）患有国家确定大病病种的农村贫困人口可以得到集中

◆ 广西健康扶贫攻坚行动计划，为全区贫困户提供健康保障

专项救治。

（5）"因病致贫、因病返贫"的农村家庭可得到农村最低生活保障和医疗兜底保障救助。

② 先诊疗后付费，缓解垫付压力

2017年，广西发布的《广西农村贫困住院患者县域内先诊疗后付费工作实施方案》提出，实行农村贫困住院患者"先诊疗、后付费"新模式。

实施范围：全区农村贫困住院患者所在县域内的城乡居民基本医疗保险定点医疗机构。

实施对象：参加我区城乡居民基本医疗保险的农村贫困住院患者，包括建档立卡贫困户以及非建档立卡农村低保对象、孤儿、特困供养救助对象。

实施方法：患者在基层医疗机构就诊入院时只需签订协议书，不需要缴纳住院押金，即可以住院治疗。出院时，仅需缴纳个人应承担的医疗费用部分，就可以办理出院手续。

无论是有钱的还是暂时没钱的，生病了都能够马上得到有效的救治，再也不用担心押金不够不能进行治疗，而延误最佳救治时机！

"先诊疗、后付费"
医疗服务模式流程

参保患者持**医保卡、有效身份证**和扶贫部门出具的**贫困证明**或民政部门出具的**低保、特困等相关证明**（证件）在县域内医疗机构**办理入院手续**

患者与就诊医疗机构**签订《"先诊疗、后付费"住院治疗费用结算协议书》**，并将其身份证（户口本）复印件交到医院保管备查，**住院期间无需缴纳住院押金**

住院治疗

出院结算，患者向医院支付城乡居民基本医疗保险和医疗救助报补后**个人承担的费用**

费用结清，医院归还患者证件，患者出院

结算困难的，签订《"先医疗后付费"住院费用延期（分期）还款协议书》确定还款期限，患者出院

3 缓解"看病难",分级诊疗逐步落地

| 目标任务 | 2017年,全区14个地级市开展分级诊疗试点,分级诊疗政策体系逐步完善,使县域内就诊率提高到90%左右,形成"小病在基层,大病到医院,康复回社区"的就医格局。 |
| | 2020年,逐步形成"基层首诊、双向转诊、急慢分治、上下联动"的分级诊疗模式,基本建立符合广西区情的分级诊疗制度。 |

基层首诊:基层医疗机构配备都有全科医生,基层诊疗服务能力强,具有正规的行医资质,一般常见病、多发病的诊疗、护理、康复等问题,我们去基层医院就诊就可以了。

双向转诊:基层医疗机构治不了的疾病,我们能够及时顺利转去大医院,而在大医院治好病、需要康复治疗的时候,我们可以转回基层医院。

急慢分治:农村基层医疗机构主要接受常见病、多发病、慢性病的诊疗任务,主动接受康复期病人,而急危复杂、疑难疾病的诊治可以直接到二级以上医院就诊。

上下联动:不同级别、不同类别医疗机构分工明确,根据医疗资源合理配置,合理分流患者。

分级诊疗转诊流程

常见病、多发病诊疗（首诊）	→	乡镇医院
复杂、疑难疾病（根据病情转诊）	→	县级医院
急重病症、大手术	→	城市大医院

康复护理

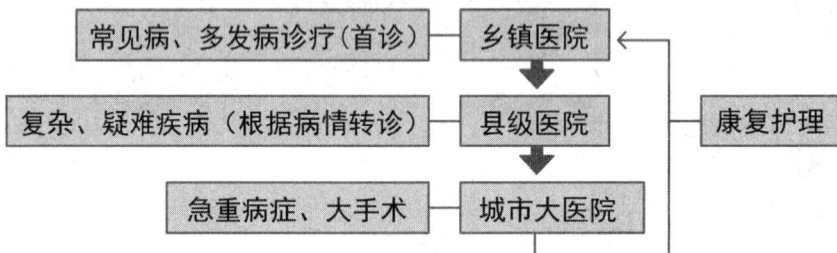

基层医院的水平提高了，在家门口能看的病更多了，看病成本降低了。我们根据自己病情的需要，选择适当级别的医疗机构，就诊时间短，费用低，方便多啦。

如果患了感冒发烧之类的小病，你是去大医院看病还是去乡镇医院看病？

案例

王大婶说，她以前生病都去大医院看病，由于人多，经常要耗费一个上午甚至一整天的时间。现在患了小病，她会选择去乡镇卫生服务中心，从挂号到看完病总共也不超过1个小时，而且花的钱比大医院少了很多。

4 签约乡村家庭医生，看病享受"私人订制"

目标任务

2017年，广西开始落实家庭医生签约服务，签约服务覆盖率达到30%以上，重点人群签约率达到60%以上。

2020年，家庭医生签约服务扩大到全人群、覆盖到全区。

简单来说，家庭医生签约服务是以全科医生为核心，以家庭医生服务团队为支撑，通过签约的方式与签约家庭建立起一种长期、稳定的契约服务关系，对签约家庭的健康进行全过程的个性化服务，守护居民健康。

（1）签约服务主体是哪些人？

在农村，家庭医生团队主要由乡镇卫生院注册全科医生、护士、公共卫生医师以及具备能力的乡镇卫生院医师和乡村医生等组成，并有二级以上医院的医师提供技术支持和业务指导。家庭医生团队是

健康"守门人"！

◆ 家庭医生上门，随时守护健康

服务主体，家庭医生个人是第一责任主体。

（2）签约对象是哪些人？

家庭医生签约服务以自愿为前提，优先覆盖重点人群和重点疾病患者，签约服务的对象包括老年人、孕产妇、儿童、残疾人，建档立卡贫困人口和计划生育特殊家庭，高血压患者、糖尿病患者、严重精神疾病患者、结核病患者等，将逐步扩展到普通人群。

（3）如何签约？

居民或家庭自愿选择1个家庭医生团队签订服务协议，明确签约服务内容、方式、期限和双方的责任、权利、义务及其他有关事项。签约

周期原则上为1年，期满后可续约或选择其他家庭医生团队签约。居民或家庭还可以自愿选择一所二级医院、一所三级医院，建立"1+1+1"的组合签约服务模式，在组合之内可根据需求自行选择就医机构。

（4）签约内容有哪些？

服务项目	签约内容
基本医疗服务	为签约家庭成员建立健康档案、制订个性健康指导计划、健康咨询、每年为家庭中的重点人群体检1次等免费便民服务，以及常见病和多发病的中西医诊治、用药、就医路径指导和转诊预约等基本医疗服务
公共卫生服务	国家基本公共卫生服务项目和规定的其他公共卫生服务
健康管理服务	健康评估、康复指导、家庭病床、家庭护理、中医药"治未病"服务、远程健康监测等约定服务

（5）签约服务如何收费？

服务项目	收费方式
基本公共卫生服务项目	免费提供
特殊疾病居民的基本医疗服务项目	由医保基金和个人共同付费
健康或亚健康居民的健康管理项目（医保规定的项目除外）	按双方约定项目内容和收费标准，由个人付费

（6）参与签约有何好处？

①方便就医，家庭医生团队将按照协议为签约居民提供全程服务、上门服务、错时服务、预约服务等，签约居民在家庭医生处就诊免收门诊挂号费（一般诊疗费），或需要转诊住院治疗发生的医疗费用，由基本医疗保险基金按规定支付。②方便转诊，家庭医生团队拥有一定比例的医院专家号、预约挂号、预留床位等资源，方便签约居民优先就诊和

住院。二级以上医院的全科医学科或指定科室会对接家庭医生转诊服务，为转诊患者建立绿色转诊通道。③用药便宜，家庭医生可开具医联体内上级医疗机构处方药品，患者可按规定报销。④医保报销优惠，签约居民在基层就诊会得到更高比例的医保报销。

延伸阅读

国家提出《健康扶贫工程"三个一批"行动计划》，在2017—2020年，对核实核准的患有大病和长期慢性病的农村贫困人口（包括农村建档立卡贫困人口、低保对象、特困人员和贫困残疾人），根据患病情况，按照"大病集中救治一批、慢病签约服务管理一批、重病兜底保障一批"的要求，实施分类分批救治，确保健康扶贫落实到人、精准到病，有效解决因病致贫、因病返贫问题。

扫描二维码，获取文件详情

延伸阅读

挂号预约小技巧

1. 提前预约挂号

如果确实需要到三级医院就诊，我们可以在看病前通过医院官方网站、"12320"卫生热线等正规渠道了解相关信息，对医院专业特色、科室分布、出诊信息等进行初步了解，做到心中有数，再根据自身情况有针对性地选择预约挂号。普遍使用的预约方式主要包括现场预约、电话预约（医院预约电话、"12320"卫生热线、"114"热线）、网络预约（城市或医院官方网站）、短信预约等。

2. 带上证件和病例

去医院看病时（不包括急诊），必须携带有效身份证件实名挂号。有效身份证件包括身份证、户口本、社保卡、驾驶证、护照、暂住证和军人证等；同时携带完整的既往病历及各项检查资料，有助于医生更快、更准确地做出诊断，避免重复检查，节省时间和费用。

3. 正确拨打热线

"120"是全国统一的急救电话号码，24小时有专人接听。一旦在医院外发生急危重症和意外伤害需紧急医疗救助时，应立刻拨打"120"急救电话。拨打电话时，切勿惊慌，应保持镇静、听清问话、明确回答、说话清晰简练，在接听人员挂断电话以后再放下话筒，以确保急救人员获得急救所需的全部信息。

"12320"卫生热线，可为患者提供就医指导、咨询、预约诊疗、投诉、举报、建议、表扬、戒烟干预和心理援助等服务。广西"12320"热线人工受理时间为周一至周五上午8:30—12:00、下午3:00—6:00，全区范围内拨打"12320"，无需长话费，无需资讯费，均以市话收费。

延伸阅读

二、防治疾病，守护健康

（一）应对 H7N9 禽流感

人感染H7N9禽流感是由甲型H7N9禽流感病毒感染引起的急性呼吸道传染病。H7N9禽流感是可防、可控、可治的，早发现、早报告、早诊断、早治疗，加强重症病例救治，中西医并重，是有效防控、提高治愈率、降低病死率的关键。

1 H7N9禽流感如何传播

（1）传染源：携带H7N9禽流感病毒的禽类。

（2）传播途径：携带病毒的病禽或死禽及其排泄物、分泌物是人感染H7N9禽流感病毒的主要传染来源。

（3）潜伏期：多在7天以内，也可长至10天。

（4）高危人群：在发病前10天内接触过禽类或者到过活禽市场者，特别是中老年人。

◆ H7N9传染源

2 人感染H7N9禽流感有哪些表现症状

（1）临床症状：发热、咳嗽、流涕、鼻塞、咽痛等。发病后表现为典型的病毒性肺炎，3～5天可发展为重症。

（2）后期症状：胸闷、呼吸困难、气短、咳痰等重症肺炎。

（3）重症表现：体温大多持续在 39 ℃以上，伴有胸腔积液、脓毒症。部分重症者出现心肌损伤、应急性溃疡、昏迷、休克等。

3 H7N9 禽流感治疗方法有哪些

（1）隔离治疗：对疑似病例和确诊病例应尽早隔离治疗，避免疾病传染给他人。

（2）对症治疗：鼻导管、经鼻高流量氧疗、开放面罩及储氧面罩进行氧疗。高热者可进行物理降温，或使用解热药物。咳嗽、咳痰严重者可服用止咳祛痰药物。

（3）抗病毒药物治疗：尽早应用抗流感病毒。

（4）中医药辨证论治。

4 H7N9 禽流感应如何预防

（1）勤洗手：接触禽鸟类或其粪便后要及时用肥皂和流动水洗手，不要用不干净的手触摸眼、鼻。

（2）少接触禽鸟：避免接触病死禽类，尽量避免直接接触活禽类及其粪便、鸟类及其粪便。进行家禽养殖、运输、销售、宰杀等工作而接触禽鸟或禽鸟粪便时，要做好个人防护，如要戴手套、口罩及穿工作服

◆ 预防禽流感，从勤洗手做起

等，接触后注意用消毒液、清水彻底清洁双手。农村家禽家畜饲养一定要与居住生活环境相对隔离，避免不同禽畜混养，也不要将外来禽与家养禽混养。发现病死禽畜要及时报告动物卫生监督机构，以妥善处理。

（3）煮熟煮透：做饭菜时，一定要做到生熟分开，鸡、鸭等禽肉及其肉制品、禽蛋等一定要烧熟煮透后再吃。处理生肉和熟肉的砧板、刀具及器皿要分开使用，不要混用。病死禽类应做深埋或焚烧处理，不能再加工或食用。

（4）咳嗽、打喷嚏遮口鼻：在咳嗽或打喷嚏时，要用口罩、纸巾、袖子、肘部遮掩口鼻。

（5）发热咳嗽早就医：如出现高烧、咳嗽、呼吸困难等症状，特别是接触禽鸟后出现上述症状，应尽快去医院，并主动告知医生自己有禽鸟接触史。

（6）保持环境卫生：注意生活工作环境保持清洁、通风。

（7）增强体质：加强体育锻炼，保持充足睡眠，避免过度劳累；饮食多样化，均衡营养。

（二）认识乙肝

乙肝是乙型病毒性肝炎的简称，是由乙型肝炎病毒（HBV）引起的、以肝脏炎性病变为主的传染性疾病，多数人以慢性感染为主，部分可能导致肝硬化和原发性肝癌，发病后主要有轻微发烧、疲倦无力、恶心、呕吐、腹痛、黄疸、茶尿等症状。乙肝病毒携带者一般无表现症状，但仍具有传染性。广西是乙肝的高发地区之一。

1 乙肝的传播途径主要有三条

乙肝病毒主要通过血液传播（如共用牙刷和穿耳孔针具，重复使用注射针头、针管以及输入被污染的血液）、性传播和母婴垂直传播。一般日常生活接触如握手、共用餐具、共用坐便器等都不会传播乙肝病毒。

2 乙肝的感染与年龄有关

乙肝感染的发生与感染年龄有关。在 1 岁以内感染的婴儿中，约 90% 的感染者会发展为慢性感染者；在 1 ～ 4 岁感染的儿童中，20% ～ 50% 会发展为慢性感染者；而成人感染后发展为慢性感染者的比例不足 10%。

1 岁以内的婴儿约 90% 的感染者会发展为慢性感染者

1 ～ 4 岁的儿童 20% ～ 50% 的感染者会发展为慢性感染者

成人不足 10% 的感染者会发展为慢性感染者

3 乙肝的治疗关键在抗病毒和护肝

乙肝患者的治疗主要是抗病毒治疗及保肝护肝。此外，注意定期检查、生活规律、劳逸结合，不饮酒、不滥用药物，同时要保持良好的精

神状态。目前，治疗乙肝常用的药物有干扰素及拉米夫定、阿德福韦酯等核苷类似物。

4 乙肝最有效的预防措施是接种疫苗

《慢性乙肝防治指南》指出，接种乙型肝炎疫苗是预防HBV感染的最有效方法。

乙肝疫苗全程需接种3剂，即接种第1剂疫苗后，间隔1个月后接种第2剂，到第6个月接种第3剂。新生儿接种乙肝疫苗要求在出生后24小时内接种，越早越好。成年人也可以通过接种乙肝疫苗来预防HBV感染。

> **小贴士**
>
> 《慢性乙肝防治指南》中指出："乙型肝炎疫苗的接种对象主要是新生儿，其次为婴幼儿、15岁以下未免疫人群和其他乙肝感染高危人群（如医务人员、经常接触血液的人员、托幼机构工作人员、器官移植患者、经常接受输血或血液制品者、免疫功能低下者、HBsAg阳性者的家庭成员、男男同性、有多个性伴侣者和静脉内注射毒品者等）。"

5 看懂乙型肝炎相关指标

乙肝"两对半"（乙肝五项）

序号	表面抗原 HBsAg	表面抗体 HBsAb	e抗原 HBeAg	e抗体 HBeAb	核心抗体 HBcAb	临床意义
1	—	—	—	—	—	过去和现在均未感染HBV
2	—	—	—	—	+	曾感染HBV；急性感染恢复期

续表

序号	表面抗原 HBsAg	表面抗体 HBsAb	e抗原 HBeAg	e抗体 HBeAb	核心抗体 HBcAb	临床意义
3	—	＋	—	—	＋	既往感染，并产生保护性抗体；急性HBV感染已恢复
4	—	＋	—	—	—	预防注射疫苗后产生保护性抗体
5	＋	—	—	＋	＋	俗称"小三阳"。急性HBV感染趋向恢复；慢性HBsAg携带者，传染性弱
6	＋	—	＋	—	＋	俗称"大三阳"。急性或慢性乙肝，传染性强

（三）认识地中海贫血

地中海贫血（以下简称地贫），是一种遗传性溶血性贫血疾病，是常见的遗传性血液病。广西是地贫高发区之一，地贫基因携带率高达20%～25%。

1 地贫有哪些类型

临床上，地贫按基因类型可分为 α 地贫和 β 地贫，根据病情的轻重又分为轻型地贫（地贫携带者）、中间型地贫和重型地贫。中间型地贫、重型地贫会给家庭和社会带来沉重的精神负担与经济负担。

2 哪些人会遗传地贫

地贫是常染色体隐性遗传病，通过携带地贫致病基因的父母传给后代，它只会遗传，不会传染。地贫的遗传与性别无关，男孩、女孩的患

病率都是一样的。地贫的遗传有以下几种情况：

①若夫妻双方均不携带地贫基因，则其子女不携带地贫基因。

②若夫妻其中一方为地贫基因携带者，则其子女有50%的概率完全正常，有50%的概率成为地贫基因携带者。

③若夫妻双方皆为同型地贫基因携带者，则其子女有25%的概率完全正常，有50%的概率成为地贫基因携带者（携带其父母其中一方的地贫基因），有25%的概率患中间型或重型地贫（携带其父母双方的地贫基因）。

④如夫妻双方为异型地贫基因携带者，其子女有25%的概率完全正常，有50%的概率成为轻型地贫患儿（同父母其中一方的地贫基因），有25%的概率成为复合型地贫基因携带者。

3 哪些情况下产妇要进行产前诊断

具有以下情形的夫妇建议进行胎儿地贫产前基因诊断，以确定胎儿是否为中间型、重型地贫患儿。

①曾生育过中间型、重型 α 地贫或 β 地贫患儿的夫妇；②夫妇双方均为轻型 β 地贫基因携带者；③夫妇双方均为轻型 α 地贫基因携带者；④夫妇一方为轻型 α 地贫基因携带者，配偶为轻型 β 地贫复合轻型 α 地贫基因携带者；⑤夫妇一方为轻型 α 地贫基因携带者，另一方为中间型 α 地贫基因携带者。

4 地贫的治疗方法有哪些

定期输血：大约每4周输血1次。

除铁治疗：几乎每晚1次静脉泵连续皮下注射12小时或口服药物。

造血干细胞移植、骨髓移植、脐带血移植是目前临床上治疗重型 β 地中海贫血最有效的方法。患者务必要去正规医院进行规范治疗。

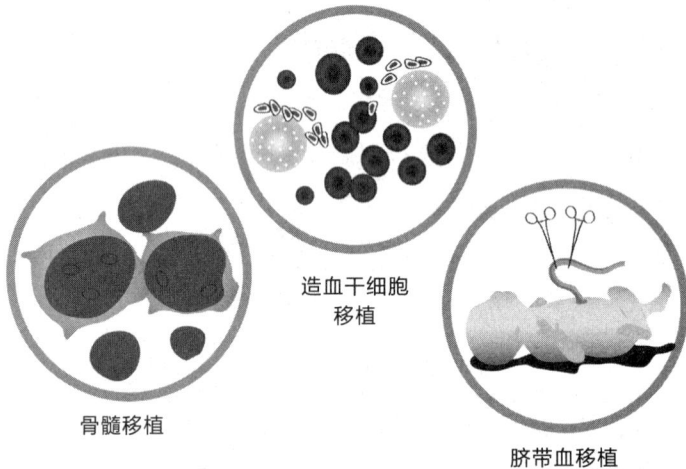

造血干细胞
移植

骨髓移植

脐带血移植

广西关于地中海贫血的检测和预防的优惠政策

小贴士

广西继续推进地中海贫血防治计划和母婴健康"一免二补"幸福工程。夫妻双方或者一方是广西户籍的，可享受以下政策优惠。

（1）免费进行婚前医学检查，包括免费进行地中海贫血筛查；在孕期检查中，基层医疗卫生机构免费提供地中海贫血筛查。

（2）对夫妇一方或者双方为农村户籍的产妇进行地中海贫血产前诊断，并给予每例1300元补助。

（3）对一方或者双方为农村户籍的夫妇进行地中海贫血基因诊断，并给予每例800元补助。

（四）拒绝艾滋病

艾滋病的全称是获得性免疫缺陷综合征（AIDS），它是由人类免疫缺陷病毒（HIV病毒）引起的，病毒侵入人体导致免疫缺陷，并发一系列机会性感染及肿瘤，严重者可导致死亡。艾滋病病毒感染者在潜伏期或发病前外表与常人没有区别，可能没有任何症状，但可以通过高危行为（如性行为、共用注射器静脉吸毒等）感染其他人。

1 哪些行为会传染艾滋病

艾滋病病毒主要存在于人体的血液、精液、阴道分泌物和乳汁中，通过性接触（异性之间和同性之间）、血液（共用针具或使用未经严格消毒的可刺入人体的针具、医疗器械等）和母婴（怀孕、分娩和哺乳）三种途径传播。

1 　血液传播：共用针具或使用未经严格消毒的可刺入人体的针具、医疗器械等都可以传播艾滋病病毒。注射吸毒是导致艾滋病病毒传播的高危行为。

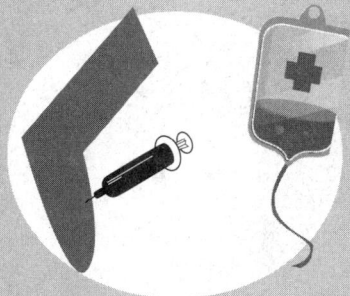

血液传播

2 　性行为传播：艾滋病可以通过性接触在异性之间和同性之间传播。

性行为传播

3 母婴传播：感染艾滋病病毒的母亲可通过怀孕、分娩和哺乳把病毒传染给孩子。

母婴传播

艾滋病病毒不会通过日常生活接触传播

小贴士

以下与艾滋病病毒感染者和病人的日常生活接触不会被感染：

（1）握手，拥抱，礼节性接吻。

（2）共用餐具，一同乘车、学习、玩耍。

（3）共用学习用具、炊具、厕所、游泳池、卧具和生活用品。

（4）咳嗽或打喷嚏。

（5）蚊虫叮咬。

② 遏制艾滋病，重点在预防

（1）不卖淫、不嫖娼、不吸毒。

（2）每次不安全的性行为都应该全程正确使用安全套。

（3）长期在外打工的，应选择健康的方式来释放和转移性冲动与情感压力。

（4）不与他人共用注射器、针头、牙刷、剃须刀、指甲钳等用具。

（5）不去非正规的医疗机构注射、拔牙、针灸、美容和做手术。

（6）下身感觉不舒服时，要及时到正规医院的性病门诊进行检查和治疗。

3 自愿咨询，利人利己

一旦发生易感染艾滋病病毒的高危行为，或怀疑自己可能感染了艾滋病病毒，一定要到指定的医院或疾病预防控制中心进行检测。

（1）艾滋病病毒诊断需要进行多次检测以便确认检测结果。

（2）国家实施免费和保密的艾滋病自愿咨询和抗体初筛检测服务，并为经济困难的患者提供免费抗病毒治疗药物。

（3）可以到所在市、县（区）的疾病预防控制中心和卫生行政部门指定的医院、妇幼保健医院或广西疾病预防控制中心进行艾滋病自愿咨询检测。广西在婚检中免费提供艾滋病、梅毒、乙肝检测。

（4）目前还没有可治愈艾滋病的药物，但规范化治疗可减缓体内病毒复制，延长生命。

小贴士

广西持续执行国家艾滋病患者"四免一关怀"政策

（1）为农村居民和城镇未参加基本医疗保险等医疗保障制度的经济困难人员中的艾滋病病人免费提供抗病毒药物。

（2）在全国范围内为自愿接受艾滋病咨询检测的人员免费提供咨询和初筛检测（包括酶联免疫吸附试验和快速凝集试验）。

（3）为感染艾滋病病毒的孕妇提供免费母婴阻断药物及婴儿检测试剂。

（4）对艾滋病病人去世后留下的孤儿免收上学费用。

（5）将生活困难的艾滋病病人纳入政府救助范围，按照国家有关规定给予必要的生活救济。

（五）防治肺结核

肺结核俗称肺痨，是由结核分枝杆菌引起，主要感染人体肺部的一种慢性传染病，是结核病中最常见的一种疾病，长期严重危害人体健康。

肺结核若能及时发现，并予以合理治疗，大多可以临床治愈。

1 肺结核有多严重

肺结核发病缓慢，病程较长，一般表现为低热、午后发热、盗汗、乏力、体重减轻、咳嗽、咯痰、咯血、胸部隐痛等。怀疑得了肺结核，要及时到当地结核病定点医疗机构就诊。广西各市（县、区）均设有结核病定点医疗机构。

2 肺结核传播途径有哪些

肺结核的主要传播途径是呼吸道传播。如肺结核病人通过咳嗽、咳痰、打喷嚏将结核杆菌播散到空气中，健康人吸入带有结核杆菌的飞沫即可能受到感染。此外，通过消化道传播，如与患者共食、共用碗筷等。

◆ 咳嗽打喷嚏将结核杆菌播散到空气中，使他人受到感染

3 肺结核可以治愈

肺结核治疗全程为6～8个月，耐药肺结核治疗全程为18～24个月。常见的抗结核药物有异烟肼、利福平、吡嗪酰胺、链霉素、对氨基水杨酸等，应遵医嘱使用。按医生要求进行规范治疗、规律服药，绝大多数肺结核病人都可以治愈。

4 预防肺结核应该这样做

（1）勤洗手，多通风，坚持体育锻炼，增强身体免疫力。咳嗽、打喷嚏掩口鼻，不随地吐痰。

（2）肺结核病人要将痰液吐在有消毒液的带盖痰盂里；不方便时可将痰吐在消毒湿纸巾或密封痰袋里。肺结核病人尽量不去人群密集的公共场所，如必须去，应当佩戴口罩。

（3）要定时对青少年进行身体检查，做到早发现、早隔离、早治疗。除此之外，还要按时给婴幼儿接种卡介苗，以使其机体产生免疫力，防止结核病的发生。

（4）发现有低热、盗汗、干咳嗽、痰中带血、乏力、饮食减少等症状要及时到医院检查。

肺结核可防可治，只要发现及时、治疗彻底，是完全可以治愈的。

（六）预防手足口病

手足口病是一种由肠道病毒引起的传染病，可引发手足口病的肠道病毒有20多种。患者以学龄前儿童为主，尤其是5岁以下的儿童多发。一年四季都可发生，一般4～7月为发病高峰期。

1 孩子如何被传染手足口病

（1）接触患者的排泄物、分泌物、疱疹液。

（2）食用了被患者的排泄物、分泌物污染的食物或水而感染，或接触被污染的手、毛巾、手绢、牙杯、玩具、餐具、奶瓶、床上用品等而感染。

2 孩子患手足口病会有哪些症状

手足口病潜伏期为2～10天，平均3～5天，病程一般为7～10天。发病时以发热和手、足、口腔部位出现皮疹或疱疹为主要特征，重者可出现病毒性脑炎、肺水肿等症状。

◆ 孩子手足口病症状

3 如何预防手足口病

（1）勤洗手。家长喂养婴幼儿前要洗手，替幼童更换尿布、处理粪便后要洗手；饭前便后、外出回家后要用肥皂或洗手液等给儿童洗

手；教育儿童养成良好的洗手习惯。

（2）注意保持家庭环境卫生，加强室内空气流通，勤晒衣服和被子。

（3）婴幼儿使用的奶瓶、奶嘴及儿童使用的餐具在使用前后应充分清洗、消毒；经常彻底清洗儿童的玩具或其他用品；婴幼儿的尿布要及时清洗、暴晒或消毒。

三、家庭急救常识

（一）中暑急救

如果长时间待在高温环境（高于32℃）或夏天烈日暴晒下长时间劳动，又没有采取防暑降温措施，很容易中暑。中暑的主要表现为大汗、口渴、头晕眼花、胸闷乏力、注意力不集中、体温偏高，严重时会出现面色苍白、大汗淋漓、皮肤湿冷、心跳加速、恶心呕吐、体温高于38℃，甚至会出现意识不清、抽搐、昏迷等症状。

（1）急救措施。

首先，要立即把患者转移到通风、阴凉、干燥的地方，如树下、室内。其次，解开患者衣扣，使其平躺。再次，用冷水湿毛巾敷其头部、腋下，同时可以为患者扇扇子，并给其喝凉的淡盐水。

降温后如果患者意识清醒，可以让其服十滴水、藿香正气液等解暑，也可以喝绿豆汤、淡盐水等。如果患者不清醒，可以用指甲刺激其人中、合谷、曲池或百会等穴位，使其快速清醒。

中暑后不要大量喝水，也不要吃大量的生冷瓜果、冷饮和油腻的食物。

对出现发高烧、昏迷、抽搐等症状的患者，应该在继续抢救的同时立即拨打"120"急救电话求救。

（2）预防措施。

经常留意天气预报发出的高温预警，做好中暑预防工作，合理安排作息时间。夏天上午10点至下午2点太阳最猛烈，外出要撑伞或戴遮阳帽，不要让阳光直射头部或皮肤。外出劳动时要准备好充足的水和饮料，不要过度疲劳，注意适当休息。饮食应该清淡，每天喝1.5～2.0升水，也可以多喝淡盐水或绿豆汤等解暑。老年人、儿童、体弱多病者更容易中暑。

（二）中毒急救

1 农药中毒急救

通常农药中毒时会出现头痛、头晕、恶心、呕吐、乏力、多汗、流涎、口吐白沫、胸闷、肌肉震颤、视物模糊、抽搐、惊厥、腹痛、腹泻、昏迷、休克等症状，身体或口腔残留有农药味。杀鼠剂（如敌鼠钠盐等）中毒还可能出现广泛性出血等症状。

急救措施：

①立即离开中毒现场，转移至空气流通处。

②脱掉被农药污染的衣服，清洗被污染的皮肤、黏膜、头发10分钟以上。注意，若是敌百虫中毒，只能用清水清洗，不能用肥皂清洗。

③记住所中毒农药的品种、浓度等信息，迅速将中毒者送往医院抢救治疗，尽快使用特效解毒药。

④如果是误服农药中毒，应立即大量灌服温开水后催吐，再服用牛奶、鸡蛋清等胃黏膜保护剂。但需注意，误服敌百虫者不能用肥皂水、

小苏打水（碳酸氢钠）洗胃，误服甲拌磷等农药不能用高锰酸钾洗胃。除草剂百草枯、敌草快中毒，应立即口服30%黏土悬液钝化毒物。

⑤对出现呼吸困难的重度中毒者，要进行人工呼吸、输氧。

② 食物中毒急救

食物中毒泛指因进食了被致病细菌、病毒、寄生虫、化学品、天然毒素等污染的食物而引起的急性中毒性疾病，可分为化学性食物中毒、真菌毒素与霉变食物中毒、细菌性食物中毒、有毒动植物（如毒蘑菇）中毒。食物中毒潜伏期短，一般为几分钟到几小时，暴发时来势凶猛，症状多以急性胃肠炎症状为主，一般不会在人与人之间发生传染。

急救措施：

①为防止呕吐物堵塞气道而引起窒息，应让患者侧卧，便于吐出呕吐物。

②在患者呕吐时，不要让患者喝水或吃食物，但在呕吐停止后应马上补充水分，对毒素进行稀释。

③留取呕吐物和大便样本，尽快送医院检查。

④如腹痛剧烈，可取仰卧姿势并将双膝弯曲，有助于缓解腹部紧张。

⑤腹部盖毯子保暖，有助于促进血液循环。

⑥当患者出现脸色发青、冒冷汗、脉搏虚弱的情况时，要马上送医院救治，谨防出现休克症状。

③ 气体中毒急救

农村家庭使用沼气、煤气容易发生沼气中毒和煤气中毒，烧木炭、烧煤容易发生一氧化碳中毒，进入地窖、深井或封闭水池里可能发生二氧化碳中毒。

中毒者早期出现头痛、眩晕、心悸、恶心、呕吐等症状，随着中毒时间延长，中毒者呼吸越来越困难，继而出现头昏眼花、四肢无力，严重者会出现虚脱或昏迷，甚至死亡。

怀疑煤气、一氧化碳中毒，应立即打开门窗通风，呼吸新鲜空气，并迅速撤离现场。如果感到全身乏力不能站立，可以在地上匍匐爬行，并尽快打开门窗，及时逃生，同时呼救。关掉煤气，熄灭火源。注意不要开关电灯和其他电器，更不要划火柴等。

沼气、二氧化碳中毒时，应立即通风或切断沼气通道，迅速将患者转移至通风的场所。如发生在池、井中，先通风，在系有保护绳且有人保护下，才能下井施救中毒者。

4 酒精中毒急救

酒精中毒时除了呕吐外，在神经兴奋期会出现头昏乏力、自控力丧失、自感欣快、言语不清、动作笨拙、颜面潮红或苍白、呼气带酒味。当中毒进入昏睡期时会表现为颜面苍白、体温降低、皮肤湿冷、口唇湿冷、瞳孔放大、呼吸缓慢有鼾声等。

（1）急救措施

①轻度醉酒者：可用筷子或勺把压舌根部，刺激咽喉，迅速催吐，引用一些浓茶或咖啡可缓解醉酒症状，或吃些梨子、西瓜之类的水果解酒。

②重度酒精中毒者：刺激催吐后，可用温水或然后用1%碳酸氢钠（小苏打）溶液洗胃，然后要安排其卧床休息，注意保暖。

③一般醉酒者经过休息、饮茶就可以快速恢复。如果休息醒来有脉搏加快、呼吸减慢、皮肤湿冷、烦躁等现象，应马上送医院救治。

（2）预防措施

①喝酒前先吃些主食、鸡蛋、皮蛋或牛奶等食物填饱肚子，这样可以防止酒精渗透胃壁。建议用豆腐类菜肴做下酒菜，因为豆腐中的半胱氨酸是一种主要的氨基酸，能使乙醇迅速排出。绿叶蔬菜、豆制品、猪肝等，也是很理想的伴酒菜，可以迅速分解酒精。

②不要把酒和碳酸饮料如可乐、汽水等混合饮用，这类饮料中的成分能加快身体吸收酒精。

③中途去洗手间把酒吐出来，呕吐后用冷水洗脸。

④喝酒宜慢饮不宜快饮，若慢慢饮用，体内有充分的时间把乙醇分解掉，这样喝酒不易醉。

⑤喝酒后应多喝酸奶，对缓解酒后烦躁症状尤其有效。

⑥喝酒后可以喝些淡茶和吃些水果解酒。比如，俗话说"酒后吃甜柿子，酒味会消失"，甜柿子之类的水果含有大量的果糖，可以使乙醇加快分解代谢，甜点也有同样的效果。喝酒后头痛明显，可以喝蜂蜜水缓解。

（三）动物咬伤急救

1 猫、狗等牲畜咬伤急救

猫、狗咬伤是常见外伤之一，如果未进行及时有效的处理，就很有可能引发狂犬病等疾病。

急救措施：

（1）被咬伤后立即挤压伤口排污血，绝不能用嘴去吸伤口处的污血。

（2）伤口用肥皂水或0.1%的新洁尔灭反复冲洗30分钟，但注意肥皂水与新洁尔灭不可同时使用。

（3）伤口冲洗后用75%酒精溶液擦洗及用碘酊反复擦拭，伤口尽可能暴露在空气中，不要包扎。

（4）患者应及时就医，在24小时内必须接种狂犬病疫苗。

2　毒蛇咬伤急救

人若被毒蛇咬伤，中毒后会出现身体发热、头晕、头痛、乏力、恶心、呕吐等症状，严重者出现惊厥、呼吸困难、四肢麻痹、昏迷，继而死亡。

急救措施：

（1）绑扎。被毒蛇咬伤后，应立即用绳索、手帕、皮带、植物藤等在离伤口5厘米左右的近心端（靠近心脏的一端）绑扎，不能过紧也不能过松，每隔30分钟放松1～2分钟，以免肢体缺血坏死。

（2）排毒。伤口用干净的水或者高锰酸钾溶液反复冲洗，同时用手由上到下、由四周向伤口中心挤压排毒，或者用拔火罐、吸奶器、吸引器等吸出毒液。紧急时也可用嘴吸出，但必须立即吐出，并将嘴巴漱干净，口腔有伤口或溃疡的千万不可用此法。

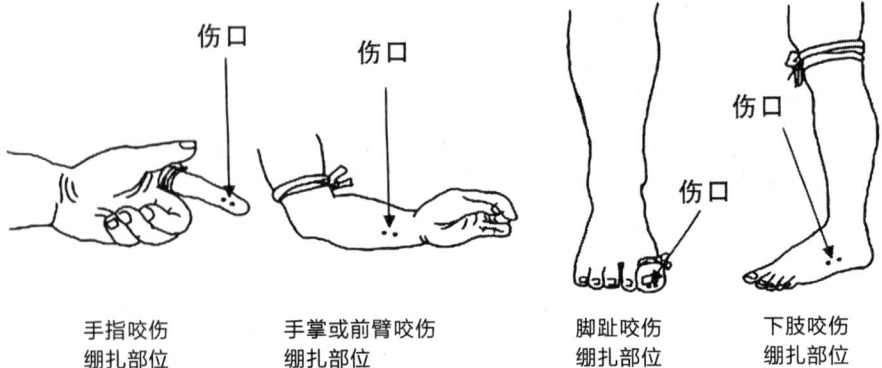

手指咬伤　　　手掌或前臂咬伤　　　脚趾咬伤　　　下肢咬伤
绑扎部位　　　绑扎部位　　　　　绑扎部位　　　绑扎部位

（3）用解毒药。口服解毒药片，也可将解毒药片用水溶成糊状涂在伤口周围。

（4）送医。紧急处理完后，要尽快将伤者送去医院或者拨打"120"急救电话求救，尽量记住并向医生描述毒蛇的外形、种类。

3 野蜂蜇伤急救

野蜂有黄蜂、马蜂、虎头蜂等，如果不小心被野蜂蜇伤，轻则红肿发热，重则呼吸困难、血尿、肾衰竭、休克致死。

急救措施：

被野蜂蜇伤应立即仔细检查蜇伤处皮肤有无折断的蜂刺。若有，用针或镊子挑出蜂刺，再用嘴或拔火罐吸出毒液，但绝对不要挤压伤口，避免残余毒素进入体内。挑出蜂刺后可用盐水、苏打水、肥皂水等充分清洗伤口。然后用冷水浸透毛巾或用毛巾包冰块敷在伤口处以减轻肿痛。处理完毕后，应迅速送医院治疗。

4 毒虫咬伤急救

常见的毒虫主要有蜈蚣、蝎子、毛虫、蜘蛛等，一旦被毒虫咬伤，重者需要马上送往医院救治，轻者可做以下处理。

（1）蜈蚣咬伤。蜈蚣的毒液呈酸性，可用小苏打水、肥皂水、淡石灰水、氨水等冲洗并涂抹患处。

（2）蝎子蜇伤。先用石灰水、肥皂水或盐水冲洗伤口，将明矾磨碎和米醋调成糊状涂在伤口上，或将石榴花、薄荷叶捣烂敷在伤口上。

（3）毛虫蜇伤。用湿泥土涂于患处，待湿泥土干后揭掉，毒毛也会随之带出，然后再用清凉油涂抹伤处即可。

（4）毒蜘蛛咬伤。应立即用绳索、手帕、皮带、植物藤等在离伤口5厘米左右的近心端绷扎，用针或刀尖挑破皮肤，用力挤出毒液，然后放松止血带，涂75%的酒精溶液或者碘酊。

（四）溺水急救

溺水是指大量水液被吸入肺内，引起人体缺氧窒息的危急病症。溺水的抢救必须争分夺秒。

1 溺水如何自救

（1）不会游泳者落水后不要惊慌失措，一定要保持头脑清醒。尽量仰头，口向上方，将口、鼻露出水面呼吸。用嘴吸气，用鼻呼气，以防呛水；呼气要浅，吸气要深，尽可能使身体浮于水面（仰漂），同时立即向岸上的人呼救。千万不能将手上举或拼命挣扎，这样反而更容易下沉。

（2）会游泳者经过长时间游泳自觉体力不支时，可改为仰泳，用手足轻轻划水即可使口、鼻轻松浮于水面之上，调整呼吸，全身放松，稍作休息后游向岸边或浮于水面等待救援。如果游泳过程中发生小腿抽筋，要保持镇静，采取仰泳位，用手将抽筋的腿的脚趾向脚背侧弯曲，可使痉挛缓解，然后慢慢游向岸边。

2 如何救助溺水者

救护者迅速游到溺水者附近，观察清楚位置，从其后方出手救援；或投入木板、救生圈、长竿等，让溺水者攀扶，再将其拖到岸边。如果没有救护器材，接近溺水者时要转动其髋部，使其背向自己，然后拉住其腋窝拖运。拖运时通常采用侧泳或仰泳拖运法。特别需要强调的是，未成年人发现有人溺水，应立即大声呼救，或利用救生器材营救，不能贸然下水营救。

3　把溺水者救上岸后应该采取哪些急救方法

把溺水者救上岸后，立即将溺水者的头偏向一侧，清除溺水者口和鼻中的污泥、杂草及分泌物，再把他的头回正并后仰，还需解开溺水者的衣扣、腰带，使其保持呼吸道畅通。

救护者立即检查溺水者是否有意识，如无意识，应立即检查其是否有正常呼吸、是否有大动脉搏动或心跳。不要试图倒水救治无意识的溺水者，避免浪费宝贵时间。

如果溺水者呼吸、心跳已停止，要立即实行心肺复苏术，即使在送往医院的途中，也不能停止进行心肺复苏术。溺水者恢复意识后也应送医院就医。

4　溺水事故如何预防

（1）预防溺水要做到"六个不"：不私自下水游泳，不擅自与他人结伴游泳，孩子不在无家长或教师带领的情况下游泳，不到无安全设施、无救援人员的水域游泳，不到不熟悉水情、比较危险且易发生溺水伤亡事故的水域游泳，不熟悉水性者不擅自下水施救。

（2）要做好下水前的准备，先活动活动身体，如水温太低应先在浅水处用水淋洗身体，待适应水温后再下水游泳；戴有假牙的人，下水前应将假牙取下，以防呛水时假牙落入食管或气管。

（3）在游泳的过程中如果突然觉得身体不舒服，如眩晕、恶心、心慌、气短等，要立即上岸休息或呼救。

（五）心肺复苏术的九个步骤

心肺复苏术，是指呼吸停止及心跳停顿时，合并使用人工呼吸及胸外心脏按压来进行急救的一种技术。对心跳、呼吸骤停的患者必须在

4分钟内进行心肺复苏术，以下是具体的操作步骤：

（1）判断意识：在患者耳边大声呼唤并较有力地拍击其肩部。如果患者没有反应，说明其无意识。

（2）及时呼救：确认患者无意识后，应立即呼救并拨打"120"急救电话。如现场只有自己时，应立即对患者进行心肺复苏1~2分钟后再打电话。

（3）摆放平卧位：使患者仰卧在坚硬的平面上，两手贴紧身体。施救者两腿（膝）自然分开，与肩同宽，站立（跪）贴于患者的肩部、腰部。

（4）开放气道：解开患者的围巾、领口、领带、文胸扣、皮带等，以便观察其胸部和腹部起伏情况。检查和清理患者口腔异物：一手压住患者的前额，另一手托起其下颌将面部侧向施救者一侧；一手按压下颌，另一手用衣服或餐巾包住手指，从患者的上口角伸入，将异物、假牙等从下口角挖出。然后将患者头部回正。压住患者的前额使其头后仰，用另一手将其下颌举起，使头后仰90°（下巴尖朝天），此时舌头

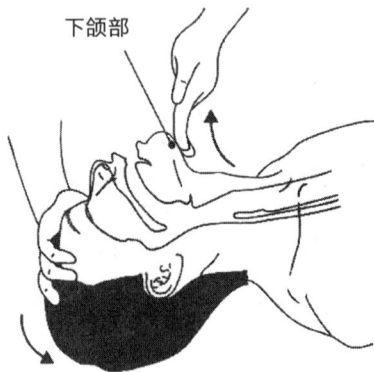

头后仰90°（成人）

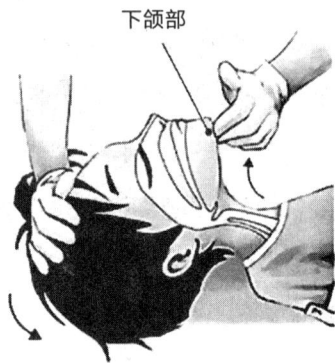

头后仰60°（儿童）

头后仰 30°（婴儿）

随之上抬，便可通畅气道。

【注意】开放气道时，儿童头后仰 60°，婴儿头后仰 30°。

（5）判断呼吸。在保持气道通畅的前提下，施救者弯腰侧头在两次平静呼吸间里（6～8秒内）进行呼吸判断。

（6）两次人工吹气。经"一看、二听、三感觉"检查确认没有呼吸后，保持患者头后仰90°（下巴尖朝天），通畅气道。拇指和食指捏紧患者的鼻翼，施救者深吸气后将自己的口尽量张大，用双唇包严患者的口唇四周，口对口吹气缓慢持续地将气吹入。吹气时用余光注意观察患者胸部升起，然后松开捏鼻子的手指，稍直起腰侧头吸入新鲜空气，并观察患者胸部下降，再重复吹第二口气。

（7）胸外心脏按压。

①触摸颈动脉：用两指并拢平放在患者颈部正中喉结（甲状软骨）上，然后向一侧滑行约两横指距离，在甲状软骨和胸锁乳突肌之间的凹陷处稍加力度即可触到有无颈动脉的搏动。

②准确定位：按压部位必须在胸部正中的两乳头连线中点（胸骨中下1/3交界处）。施救者用食指和中指并拢沿患者一侧肋弓上滑至两肋

交会处；另一手掌根贴于食指，使掌根的横轴与胸骨的长轴重合。将定位手放在另一手的手背上，两手手掌重叠，十指相扣，掌心翘起，手指离开胸壁，用掌根按压。

③正确按压和放松：按压时两肘伸直，两肩夹紧并位于胸骨上方，用腰力和上半身的重量垂直向下按压胸骨，然后放松，让胸部回到正常位置（但掌根不能离开胸部），按压深度至少5厘米，但不超过6厘米。按压时要有节奏，频率为每分钟100～120次，即每17秒完成按压30次。按压时要观察患者的面色情况和反应。

【注意】检查颈动脉时不能用力压迫颈动脉两侧。在现场因情况紧急不能判断有无动脉搏动时，不要反复检查或呼叫，应争分夺秒进行心肺复苏。

（8）按压和吹气交替进行。进行心肺复苏术时，胸外心脏按压30次应配合2次人工吹气。

（9）检查、评估复苏效果。做5组胸外心脏按压和人工吹气后，应检查评估1次患者的呼吸、循环体征。如患者呼吸、心跳恢复，可保持其仰卧位，但要将头稍侧向一边并后仰，或放置于侧卧位；如果患者心跳恢复，没有呼吸，则只做人工呼吸，每分钟10～12次；如果患者心跳、呼吸没有恢复，则继续进行心肺复苏术。

（六）休克现场救护

休克的病因有很多，但患者都会表现出以下共同症状：一是感觉到无端紧张，烦躁不安；二是头晕、嗜睡，甚至昏迷；三是面色发白，口唇发绀，四肢末端冰冷，伴随大汗；四是血压下降，脉搏微弱。

急救措施：

（1）使患者平卧，下肢抬高，保证心脏供血。

（2）使患者颈部垫高，下颌抬起，头后仰并偏向一侧，防止呕吐物、分泌物吸入呼吸道，保证呼吸通畅。

（3）对体温低的患者要注意保暖，发烧的患者要注意降温。

（4）注意通风，保持空气清新。

（5）注意观察患者体征，尽快通知医院并及时就医。

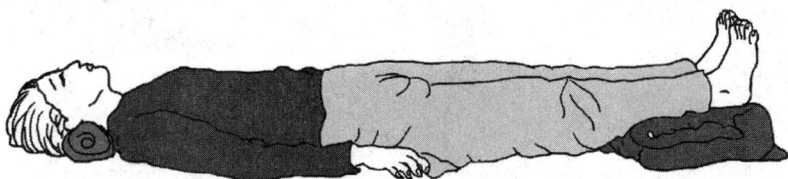

对所有休克患者，一般会抬高下肢以减少肢端血流，增加回心血量，但如有下肢骨折，一般不抬高或根据实际情况决定是否抬高

四、用药安全常识

（一）药品安全常识我须知

通常，我们家庭都会备有一些常用药，如感冒药、消炎药、止痛药、急救药等。按正确的方法用药，可以让我们消除病痛，但不合理用药也会带来新的疾病，甚至危及生命安全。因此，我们需要具备基本的用药知识。

1 处方药和非处方药有区别

处方药是必须凭执业医师或执业助理医师的处方才可调配、购买和使用的药品。例如，所有的注射剂和抗生素均属于处方药。在处方药的包装盒、药品外标签、药品说明书上，可以清晰地看到"凭医生处方销售、购买和使用"的忠告语。

非处方药是不需要凭医师或助理医师开写处方，患者可以自己在药店购买和使用的药品。非处方药专有标识是具有椭圆形背景的

◆ 在药店购买非处方药时，可以向药师咨询

"OTC"三个英文字母。其中，甲类非处方药为椭圆形红底白字，须在药店由执业医师指导下购买和使用；乙类非处方药的标识为椭圆形绿底白字，除在药店出售外，还可在经营食品药品监管部门批准的超市、百货商店等处售卖。

② 药品的通用名和商品名要分清

通用名是国家规定的或世界通用的名称，一种药物只有一个通用名。商品名则是不同的药品生产企业为了树立自己的品牌，给自己的药品注册的名字，具有专用权。含同一种成分的药品，因生产企业不同，商品名也不同，但通用名必须是一样的。如对乙酰氨基酚为通用名，而必理通、泰诺林、百服宁等则是该药的不同商品名。通用名标示在药品说明书的首位，商品名多位于其下。我们在购买和使用药品前，除了要知道其商品名外，一定要了解其通用名，以避免重复用药而导致对身体的伤害。

3 要注意药品说明书上的"慎用""忌用"和"禁用"

绝大多数的药品说明书上都印有"慎用""忌用"和"禁用"的事项，这三个词语虽只有一字之差，但嘱咐的轻重程度却大不相同。"慎用"提醒使用本药时要小心谨慎，即在使用之后，要细心地观察有无不良反应出现，如有就必须立即停止使用，如没有就可继续使用。"忌用"比"慎用"更进一步，已达到不适宜使用或应避免使用的程度，标明"忌用"的药品，说明其不良反应比较明确，发生不良后果的可能性很大。"禁用"是对用药者最严厉的警告，就是禁止使用。

我们使用药品时，一定要看清楚药品使用说明书，对症用药，千万不能乱吃药。

4 过期药品不要吃

药品标签中的有效期按照"年、月、日"的顺序标注，年份用四位数字表示，"月、日"用两位数表示。具体标注格式是"有效期至××××年××月"或者"有效期至××××年××月××日"，也可以用数字和其他符号表示为"有效期至××××.××"或者"有效期至××××/××/××"等。例如：某药品生产日期为2014年4月15日，标签上有效期有多种标法，如果标注"有效期至2017年3月"，则药品可以使用到2006年3月31日，到2017年4月就过期了；如果标注为"有效期至2017年4月15日"，则药品可以使用到2017年4月14日，到2017年4月15日就过期了。

我们购买药品时一定要看清包装上标注的有效期，过期药品千万不能服用！

5 识别骗人的违法药品广告

"疗效最佳""药到病除""根治""安全无副作用""最新技术""最高科学""最先进制法""药之王""国家级新药""治愈率达到90%以上""有效率达到100%""无效退款""保险公司保险"等类似宣传的都是违法药品广告，夸大宣传，欺骗我们消费者。大家看到含有这些词语的药品广告，千万不要相信。另外，对在公共场所（如公园、影剧院、广场等）进行以健康讲座、咨询、免费送药、附赠药品或礼品，以及上门赠送药品等名义进行药品宣传、推广等活动必须谨慎，也不要贪图便宜，以免上当受骗。

◆ 药品虚假广告的标语

6 吃药方法很重要

（1）要遵循医嘱，按时服药。服用时间根据一日三餐饮食习惯，可将基本用药时间进行划分。吃饭前：即三餐前30～60分钟，如胃药、止泻药、滋补药。吃饭时：指吃饭前片刻或餐后片刻，如助消化药。吃饭后：即餐后15～30分钟，如刺激性药红霉素、阿司匹林等。睡前：指睡前15～30分钟，如催眠药。必要时：指疼痛时立刻服用的药，如心绞痛发作时，要迅速舌下含服硝酸甘油。

（2）要按剂量服药。不要擅自加大药量，以免发生药物中毒，也不要擅自减少药量，以免达不到药效。我们应该遵循医嘱或按药品说明书来服用。

（3）服药要用温白开水，一般提倡服药时要喝200～300毫升水，

不要用茶水、饮料送药。

（4）胶囊剂、肠溶片、缓释片、控释片要整片或整颗吞下，不要分解服用。

（二）保健食品安全小常识

保健食品是指以补充维生素、矿物质为目的或者声称具有特定保健功能的食品。在购买保健食品时一定要注意鉴别真伪，具体的鉴别方法如下：

（1）保健品标识。在保健食品的外包装主要展示版面的左上方应并排或上下排列标注保健食品标志与保健食品批准文号。具体形式：保健食品标志为蓝色草帽形，2003年10月以后的批准文号为"国食健字G+4位年份代码+4位顺序号"或"国食健字J+4位年份代码+4位顺序号"。"国"代表国家食品药品监督管理总局，"G"代表国产，"J"代表进口。

（2）保健食品包装标识。保健品的包装标识必须注明以下项目：①保健食品名称；②净含量及固形物含量；③配料；④功效成分；⑤保健作用；⑥适宜人群；⑦食用方法；⑧日期标示（生产日期及保质期）；⑨储藏方法；⑩执行标准；⑪保健食品生产企业名称及地址；⑫卫生许可证号。

小贴士　保健食品与药品最根本的区别就在于保健食品没有确切的治疗作用，不能用作治疗疾病，只具有保健功能。现在，有些保健食品利用非法广告进行夸大宣传，号称能"包治百病"，我们一定不要受非法虚假广告的欺骗，有病要及时到医院就诊，以免耽误正常治疗、加重病情。

社保：无忧新生活

村村通公告栏

1	党的十九大在报告中强调要"建设平安中国，加强和创新社会治理，维护社会和谐稳定，确保国家长治久安、人民安居乐业"。
2	从2017年7月1日起，城镇居民基本医疗保险和新型农村合作医疗已经二合一了！
3	医保全国联网结算 2017年5月，广西15个统筹地区（自治区本级和14个市）已经正式接入国家异地就医结算系统，实现了全国联网结算。也就是说，以后只要有一张社保卡，在哪里看病都可以方便快捷地结算费用，没必要回到原籍治疗或者到处办手续。

延伸阅读

广西进城农民工将享多项政策福利（广西人民政府网）
http://www.gxzf.gov.cn/html/41013/20170221-579171.shtml

一、生活保障政策

（一）农村五保供养

1 什么是五保供养？

这是针对无劳动能力、无生活来源、无人照顾的老年、残疾或者未满16周岁的村民，为他们提供五种保障的项目。

五种保障分别为：

（1）供给粮油、副食品和生活用燃料。

（2）供给服装、被褥等生活用品和零用钱。

（3）提供符合基本居住条件的住房。

（4）提供疾病治疗，对生活不能自理的给予照料。

（5）办理丧葬事宜。

注意：农村五保供养对象未满16周岁或者已满16周岁仍在接受义务教育的，应当保障他们依法接受义务教育的所需费用。

◆ 五种保障：油、衣、住、医、丧

② 怎么申请五保供养?

需要准备的申请材料:农村五保供养待遇申请表、审批表、户口本或身份证的复印件。申请的流程如下图。

申请五保供养流程图

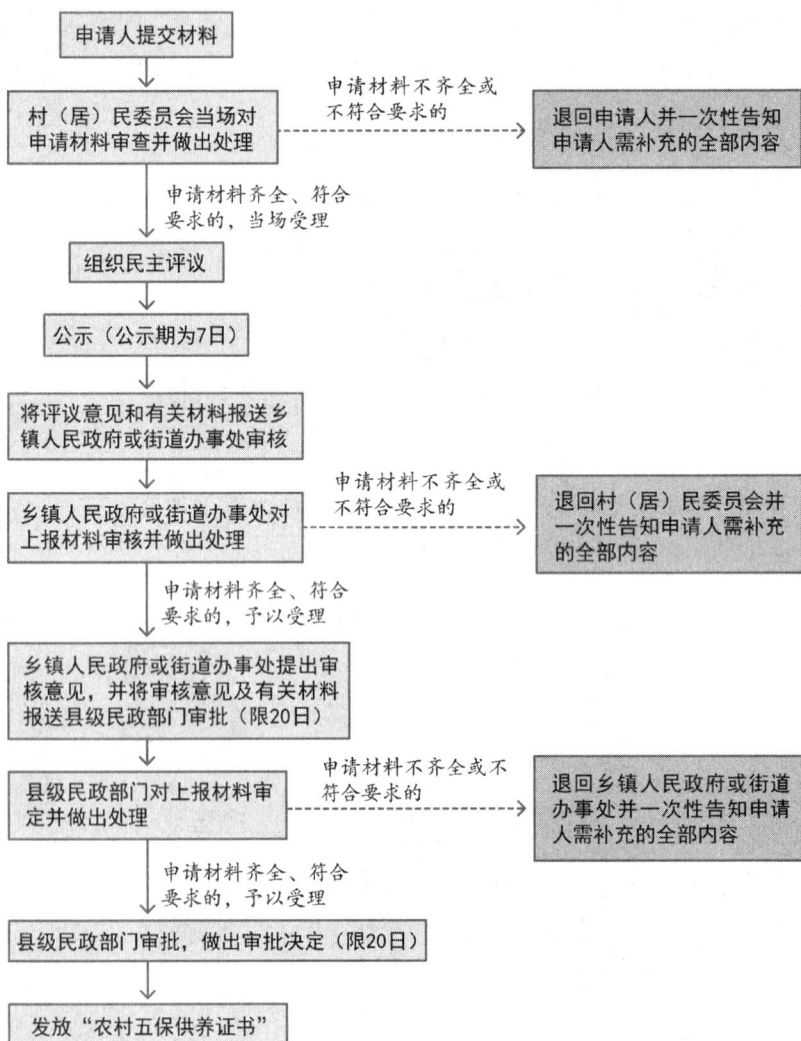

```
            申请人提交材料
                 │
                 ▼
         村(居)民委员会当场对        申请材料不齐全或
         申请材料审查并做出处理  ──────不符合要求的──────▶  退回申请人并一次性告知
                 │                                      申请人需补充的全部内容
         申请材料齐全、符合
         要求的,当场受理
                 │
                 ▼
            组织民主评议
                 │
                 ▼
          公示(公示期为7日)
                 │
                 ▼
         将评议意见和有关材料报送乡
         镇人民政府或街道办事处审核
                 │
                 ▼
         乡镇人民政府或街道办事处对    申请材料不齐全或
         上报材料审核并做出处理  ──────不符合要求的──────▶  退回村(居)民委员会并
                 │                                      一次性告知申请人需补充
         申请材料齐全、符合                              的全部内容
         要求的,予以受理
                 │
                 ▼
         乡镇人民政府或街道办事处提出审
         核意见,并将审核意见及有关材料
         报送县级民政部门审批(限20日)
                 │
                 ▼
         县级民政部门对上报材料审      申请材料不齐全或不
         定并做出处理  ──────────────符合要求的──────────▶  退回乡镇人民政府或街道
                 │                                      办事处并一次性告知申请
         申请材料齐全、符合                              人需补充的全部内容
         要求的,予以受理
                 │
                 ▼
         县级民政部门审批,做出审批决定(限20日)
                 │
                 ▼
         发放"农村五保供养证书"
```

注意：五保供养通常在 40 个工作日之内办结，不会收取任何费用，也没有审批数量限制。

咨询、投诉电话：

自治区咨询电话 0771-2623312；自治区投诉电话 0771-2635389。

各县受理的咨询电话和投诉电话由各县自行公布。

（二）农村低保保障

（本小节内容根据广西民政厅官网 http://www.gxmzt.gov.cn 的相关资料整理）

1 保障对象

家庭人均纯收入低于当地低保标准的贫困人员，尤其是那些因疾病、残疾、年老体弱、丧失劳动能力和生存条件恶劣等造成家庭生活常年困难的人员，可列为农村低保对象。

2 申请程序

（1）由户主向乡镇政府或者村委会提出申请。

（2）村委会开展调查、组织民主评议提出初步意见，经乡镇政府审核，由县级政府民政部门审批。

（3）乡镇政府和县级政府民政部门对申请人的家庭经济状况进行核查，结合村民民主评议意见，提出审核、审批意见。有关部门也应及时反馈审核、审批结果，对不予批准的应当说明原因。

（三）城乡居民最低生活保障

1 申请条件

共同生活的家庭成员人均收入低于当地最低生活保障标准，且符合当地最低生活保障家庭财产状况规定。

2 办理材料

以家庭为单位填写申请表，并提交家庭成员说明或者证明（身份证和户口本）、家庭收入说明、造成家庭生活困难原因的说明材料。

3 办理程序

（1）由共同生活的家庭成员向户籍所在地的乡镇人民政府或街道办事处提出书面申请；家庭成员申请有困难的，可以委托村委会或居委会代为提出申请。

（2）乡镇人民政府或街道办事处应当通过入户调查、邻里访问、信函索证、群众评议、信息核查等方式，对申请人的家庭收入状况、财产状况进行调查核实，提出初审意见，在申请人所在村、社区公示后报县级人民政府民政部门审批。

（3）县级人民政府民政部门经审查，对符合条件的申请予以批准，并在申请人所在村、社区公布；对不符合条件的申请不予批准，并书面向申请人说明理由。

办理地点：各乡镇人民政府或街道办事处。

4 广西城乡居民最低生活保障待遇（乡级）审核流程

广西城乡居民最低生活保障待遇（乡级）审核流程图

（法定时限30个工作日）

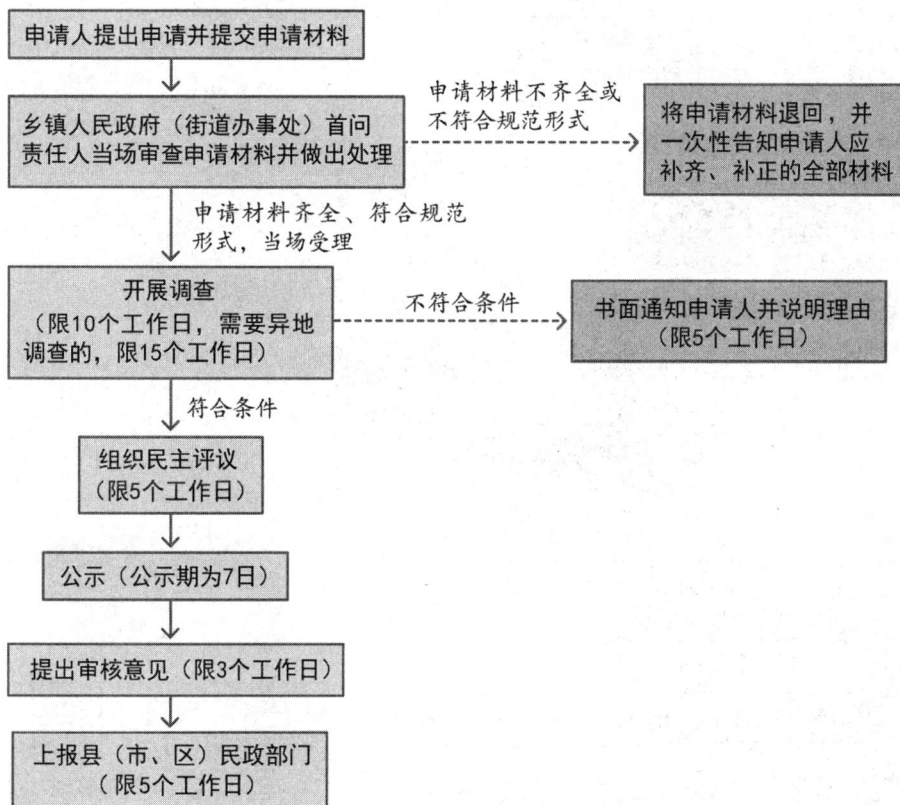

申请人提出申请并提交申请材料

↓

乡镇人民政府（街道办事处）首问
责任人当场审查申请材料并做出处理

→ 申请材料不齐全或
不符合规范形式 → 将申请材料退回，并
一次性告知申请人应
补齐、补正的全部材料

↓ 申请材料齐全、符合规范
形式，当场受理

开展调查
（限10个工作日，需要异地
调查的，限15个工作日）

→ 不符合条件 → 书面通知申请人并说明理由
（限5个工作日）

↓ 符合条件

组织民主评议
（限5个工作日）

↓

公示（公示期为7日）

↓

提出审核意见（限3个工作日）

↓

上报县（市、区）民政部门
（限5个工作日）

5 广西城乡居民最低生活保障待遇（县级）审批流程

广西城乡居民最低生活保障待遇（县级）审批流程图

（法定时限40个工作日）

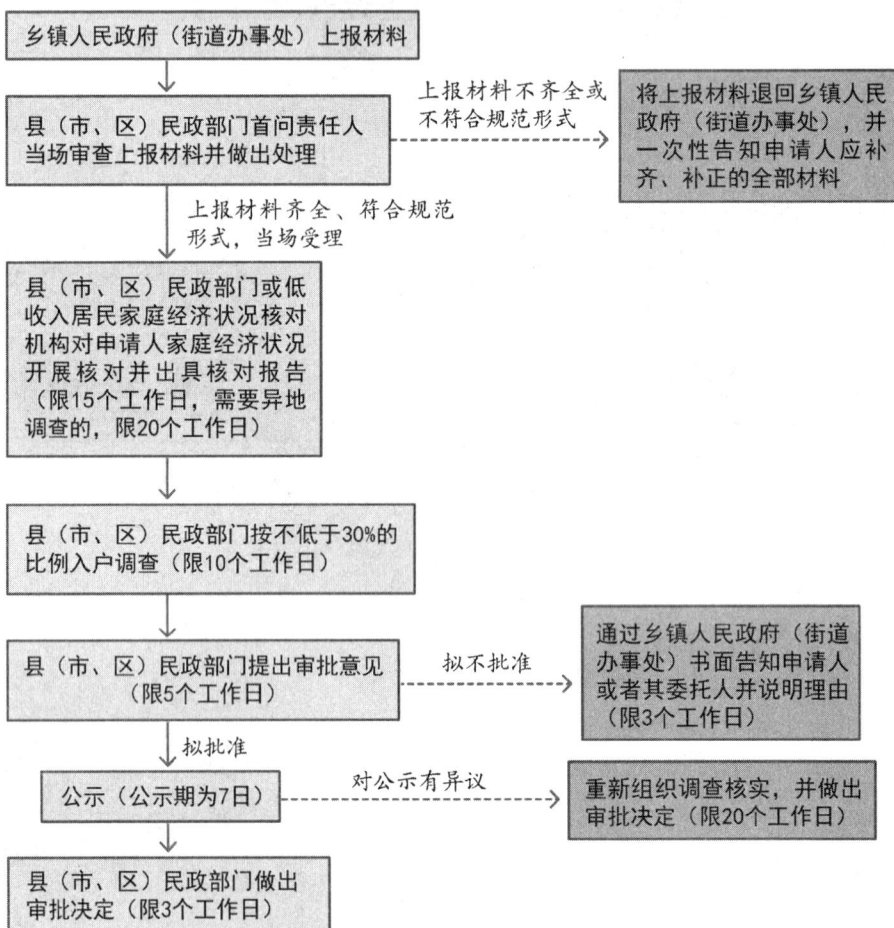

乡镇人民政府（街道办事处）上报材料

↓

县（市、区）民政部门首问责任人当场审查上报材料并做出处理

— 上报材料不齐全或不符合规范形式 → 将上报材料退回乡镇人民政府（街道办事处），并一次性告知申请人应补齐、补正的全部材料

↓ 上报材料齐全、符合规范形式，当场受理

县（市、区）民政部门或低收入居民家庭经济状况核对机构对申请人家庭经济状况开展核对并出具核对报告（限15个工作日，需要异地调查的，限20个工作日）

↓

县（市、户）民政部门按不低于30%的比例入户调查（限10个工作日）

↓

县（市、区）民政部门提出审批意见（限5个工作日）

— 拟不批准 → 通过乡镇人民政府（街道办事处）书面告知申请人或者其委托人并说明理由（限3个工作日）

↓ 拟批准

公示（公示期为7日）

— 对公示有异议 → 重新组织调查核实，并做出审批决定（限20个工作日）

↓

县（市、区）民政部门做出审批决定（限3个工作日）

（四）低保、五保对象住院医疗救助

1 救助对象

办理出院手续后提出申请或者住院医疗救助金未能实现即时结算的城乡低保对象、五保户。

2 实施范围

本县（市、区）行政区内。

3 申请材料

包括4项基本材料和5项特殊材料。

（1）4项基本材料：

①广西城乡困难群众住院医疗救助申请表。

②本人身份证复印件（没有办理身份证的，提交户口本复印件），并提供身份证原件（户口本原件）进行查验。

③家庭户口本复印件，并提供户口本原件进行查验。

④领取低保金（五保供养金）的银行存折（有账号页面）复印件（属于银行卡的，为银行卡正面复印件），并提供存折（银行卡）原件进行查验。

（2）5项特殊材料：

①由县级以上（含县级）相关基本医疗保险经办机构出具的医疗费用报销凭证或医疗费用核算单。

②属于城乡居民大病保险对象的，应当提交大病保险报销凭证。

③已获得非政策性个人商业医疗保险赔偿或者已获得社会定向医疗捐助资金的，应当提供保险赔偿或者捐助资金情况。

④属于残疾人且低保档案中未有残疾状况的低保对象，应当提交二代残疾证（残疾军人证）复印件，并提供二代残疾证（残疾军人证）原件进行查验。

⑤由监护人或委托人提出申请的，监护人或委托人应提供本人身份证复印件，并提供身份证原件进行查验。

注意：相关单位应该在7个工作日内办结，不存在收费和审批限量。

自治区咨询电话：0771-2623312（自治区民政厅社会救助局）。

自治区投诉电话：0771-2804665（自治区民政厅信访办）；0771-2805875（驻自治区民政厅监察室）。

各市、县（市、区）的咨询和投诉电话由其自行公布。

（五）大病救助

1 救助对象

（1）农村五保对象。

（2）城镇无劳动能力、无经济收入来源、无法定赡（抚）扶养人的人员（简称城镇"三无"人员）。

（3）城乡居民最低生活保障对象。

（4）享受民政部门定期定量生活补助的20世纪60年代精减退职职工。

（5）享受民政部门定期抚恤补助的重点优抚对象。

（6）总工会核定的特困职工。

（7）城乡低收入家庭成员。

2 申请材料

（1）救助大病患者申请表。

（2）基本医疗保险定点医疗机构出具的正规医疗费用票据和基本医疗保险管理部门出具的报销结算原件及复印件。

（3）本人身份证、户口簿复印件。

（4）城乡低保、农村五保、城镇"三无"人员、孤儿等需提供"居民最低生活保障证""农村五保供养证"等有效证件或者证明。

（5）社会困难家庭需要由单位或者居委会开具收入证明。

3 申请流程

（1）向户籍所在地村（居）民委员会提出书面申请。

（2）村（居）民委员对申请人提交申请材料的真实性和申请人家庭收入的情况进行调查核实，并将调查核实意见提交村（居）民代表会议进行民主评议。

（3）经村（居）民代表会议民主评议后，由村（居）民代表会议提出民主评议意见，并对符合条件的申请人在村（居）务公开栏内予以公示，公示期不少于3日。

（4）对公示无异议的，由村（居）民委员会提出初审意见，并将其他材料一并报乡镇人民政府或街道办事处审核。

（5）乡镇人民政府或街道办事处对村（居）民委员会报送的材料进行审核，并将审核意见和其他材料报县（市、区）民政部门审批。

（6）县（市、区）民政部门对乡镇人民政府或街道办事处报送的材料进行审查。对符合条件的，填写批准意见和救助金额，发放由市民政局、市卫生局统一印制的"城乡困难居民大病医疗救助证"，并送同级财政部门复核；对不符合救助条件的，应及时通知申请人并说明理由。

注意：对于大病救助，国家只出台了相关大病救助原则，具体实施办法由各省（自治区、直辖市）、市、县自行制定，具体大病救助范围可咨询当地社会保障局（电话12333）。

（六）城乡低收入家庭重病患者住院医疗救助

1 救助对象

提出住院医疗救助申请的城乡低收入家庭重病患者。

2 实施范围

本县（市、区）行政区内。

3 申请材料

包括8项基本材料和9项特殊材料。

（1）8项基本材料：

①广西城乡困难群众住院医疗救助申请表。

②广西社会救助申请人家庭经济状况核对授权书。

③广西社会救助申请人家庭成员基本情况申报表。

④广西社会救助申请人家庭成员经济状况申报表。

⑤本人身份证复印件（没有办理身份证的，提交户口本复印件），并提供身份证原件（户口本原件）进行查验。

⑥本人及其共同生活家庭成员户口本复印件，并提供户口本原件进行查验。

⑦领取医疗救助金的银行存折（有账号页面）复印件（属于银行卡的，为银行卡正面复印件），并提供存折（银行卡）原件进行查验。

⑧本人及其家庭成员（包含不共同生活的家庭成员）的房产证复印件，并提供房产证原件进行查验（没有办理房产登记手续的，不需要提交）。

（2）9项特殊材料：

①县级以上（含县级）相关基本医疗保险经办机构出具的医疗费用报销凭证或医疗费用核算单。

②属于城乡居民大病保险对象的，应当提交大病保险报销凭证。

③已获得非政策性个人商业医疗保险赔偿或者已获得社会定向医疗捐助资金的，应当提供保险赔偿或者捐助资金情况。

④本人及其共同生活家庭成员有工资性收入的，应当提交由其就业单位出具的工资性收入证明材料原件。

⑤本人及其共同生活家庭成员失业的，应当提交失业证复印件，并提供失业证原件进行查验。

⑥年龄未满12个月且未办理户籍登记手续的，应提交母亲身份证复印件、母亲或家庭相关基本医疗保险证复印件、准生证明复印件或出生医学证明复印件，并提供相应证件原件进行查验。

⑦本人及家庭成员（含非共同生活家庭成员）持有银行卡的，应当提交由发卡银行机构出具的存款余额证明。

⑧由监护人或委托人提出申请的，监护人或委托人应提供本人身份证复印件，并提供身份证原件进行查验。

⑨当地人民政府规定需要提交的其他证明材料。

注意：相关单位应当在35个工作日内办结，包含调查、核对时间，但是如果需要异地调查、核对则可以延长时限；同样没有审批收费和审批数量限制。

（七）农村困难群众住院医疗救助

1 救助对象

（1）农村低保对象。

（2）农村五保供养对象。

（3）享受相关基本医疗保险待遇的广西户籍的农村低收入家庭重病患者（以下简称低收入家庭重病患者）。

2 救助标准

住院医疗救助不设起付线，救助对象可计入的住院医疗救助费用按以下比例和限额给予救助。

（1）农村五保供养对象按计入的住院医疗救助费用的100%给予救助，年累计救助最高限额为30000元。

（2）农村低保对象中的重度残疾人（指残疾等级为一级、二级的残疾人，以残疾人第二代证或残疾军人证为准）按应计入的住院医疗救助费用的95%给予救助，年累计救助最高限额为15000元。

（3）其他农村低保对象按应计入的住院医疗救助费用的90%给予救助，年累计救助最高限额为12000元。

（4）低收入家庭重病患者按应计入的住院医疗救助费用的80%给予救助，年累计救助最高限额为6000元。

3 办理程序

（1）救助对象为农村低保对象、五保供养对象的，应在办理出院手续后直接向县级民政部门或通过街道办事处（乡镇人民政府）向县级民政部门提出书面申请及提交相关材料，由县级民政部门确认后给予住院医疗救助。

（2）救助对象为低收入家庭重病患者的，应在办理住院手续后（因特殊原因也可以在办理出院手续后）及时向县级民政部门或通过街道办事处（乡镇人民政府）向县级民政部门提出书面申请，并同时提出

家庭经济状况核对申请，经街道办事处（乡镇人民政府）、县级低收入居民家庭经济状况核对机构（或县级民政部门）对其家庭经济状况调查、核对后，由县级民政部门认定是否符合住院医疗救助条件。

4 审批部门

审批部门为县（市、区）民政局。

（八）城乡居民基本养老保险政策解读

1 参加城乡居民养老保险的对象

具有广西壮族自治区户籍、年满 16 周岁（不含在校学生），非国家机关和事业单位工作人员及不属于职工基本养老保险制度覆盖范围的城乡居民，可以在户籍地自愿参加城乡居民基本养老保险。

2 城乡居民养老保险参保缴费标准

城乡居民养老保险按年缴费。缴费标准目前设为每年 100 元、200 元、300 元、400 元、500 元、600 元、700 元、800 元、900 元、1000 元、1500 元、2000 元共 12 个档次。各地方人民政府可以根据实际情况增设缴费档次。

3 不需要缴费即可直接领取待遇的对象

新型农村社会养老保险和城镇居民社会养老保险制度在县级行政地区试点时，如果参保人年龄已经达到或者超过 60 周岁，并且未享受国家规定的其他基本养老保险待遇，不必缴费，可以从办理参保登记手续次日起，按月领取城乡居民养老保险基础养老金。

4 不参保、不缴费，年老时不能领取养老保险待遇

新型农村社会养老保险和城镇居民社会养老保险制度已经结束试点工作，当时年满60周岁符合规定的城乡参保人员都领取了养老金，即不必缴费即可直接领取基础养老金的老年人都享受了养老保险待遇。此后，如果城乡居民不参保、不缴费，到60周岁就不能领取养老保险待遇。

5 参加城乡居民养老保险政府给补贴

政府对参保人给予多项补贴。一是政府对参保人给予缴费补贴。政府对100～800元缴费档次分别按每人每年30元、40元、50元、55元、60元、65元、70元、75元进行补贴，对900～2000元档次统一按每人每年80元进行补贴。二是政府对城乡重度和贫困残疾人、农村五保对象、城镇"三无"人员代缴保险费100元，对城乡低保对象代缴保险费50元。三是政府对符合领取养老金条件的参保人全额支付基础养老金。

6 城乡居民养老保险养老金的计算

城乡居民养老保险待遇由基础养老金和个人账户养老金组成。基础养老金由政府出资建立，2016年广西基础养老金最低标准为每人每月90元。个人账户养老金为个人账户全部储存额除以139。基础养老金加上个人账户养老金即为每个月领取的养老金。

7 参保城乡居民死亡，个人账户资金的处理

城乡居民在缴费期间死亡的，退还个人账户全部本息；在领取待遇期间死亡的，从次月起停止支付其养老金，其个人账户资金剩余可以依法继承。广西还建立了丧葬补助金制度，可按人均不低于400元的标准一次性支付丧葬补助金给法定继承人或指定受益人，具体补助标准由各

统筹地区人民政府确定。

（九）城乡居民基本医疗保险

《广西城乡居民基本医疗保险暂行办法》于 2017 年 7 月 1 日起正式施行，原各地城镇居民基本医疗保险和新型农村合作医疗的相关文件同时作废。也就是说广西的城镇居民基本医疗保险和新型农村合作医疗已整合为统一的城乡居民基本医疗保险，简化了管理结构，调整了程序，增加了覆盖面，提高了待遇。

新的城乡居民基本医疗保险覆盖了广西区域内除应当参加职工基本医疗保险以外所有具有广西户籍的城乡居民和在校学生，包括广西各类全日制高等院校、科研院所、中等技术职业学校、技工学校、中小学校、特殊教育学校在校学生和托幼机构在册儿童。

1 缴费制度

广西的城乡居民基本医疗保险 2017 年度个人缴费 180 元。城乡居民的困难、特殊人群（包括低保对象、重度残疾人、低收入家庭 60 周岁以上的老年人和未成年人、五保户、建档立卡的贫困人口、农村落实计划生育政策的独生子女户等）参保所需个人缴费的部分，由各级政府按规定给予补助。

每年的 9 月初至 12 月底缴纳下一年基本医疗保险费，缴纳后就可以享受下一年的基本医疗保险待遇，部分城乡居民按时缴费有困难的，可以延迟至新年度的 2 月底（也就是可以在过年期间缴费），足额缴费后可以享受新年度的基本医疗保险待遇；如果是第一次办理参加城乡医保，在 9～12 月没能缴费，在 1～6 月才缴费的，在足额缴纳了当年的保险费用后在接下来第二个月就可以享受基本医疗保险待遇。

此外，新生儿在出生后3个月内参保缴费的话，从出生之日起产生的费用都可以享受基本医疗保险待遇；新生儿在出生后3个月以上参保缴费的，从缴费后的下一个月开始新产生的费用就可以享受基本医疗保险待遇。

2 支付范围

城乡居民基本医疗保险支付范围比以往的制度覆盖范围要宽，统一执行《广西壮族自治区基本医疗保险、工伤保险和生育保险药品目录》和《广西壮族自治区基本医疗保险和工伤保险医疗服务项目》，这些目录之外的其他费用是不支付的。

3 门诊待遇

为方便门诊报销管理，参保人员要选择一家一级及以下的定点医疗机构作为门诊医疗服务定点，如城镇社区卫生服务中心（站）、乡镇卫生院、一体化管理的村级卫生室、学校定点医疗机构等，定点医疗机构一年定一次，定下后一年内不能更换。如果不在选定的门诊定点医疗机构就医，发生的医疗费用就不能报销。

参保人员在自己选定的门诊定点医疗机构就医发生的医疗费用之中，一般诊疗费由门诊医疗统筹基金支付8.5元／人·次，个人负担1.5元／人·次。已实行基本药物制度的村级卫生室，一般诊疗费由门诊医疗统筹基金支付5元／人·次，个人负担1元／人·次。

参保人员在定点医疗机构门诊发生符合基本医疗保险支付范围的医疗费用，乡镇（社区）级单次（或每日）门诊费用不高于60元、村级单次门诊费用不高于30元的，在一级定点医疗机构、村卫生室（社区卫生服务站）由门诊医疗统筹基金分别报销65%、75%。得到认定为

门诊特殊慢性病的费用按照下表的比例，基金支付一部分，个人负担一部分，每年度有一定的限额，根据病种的不同而有所不同，2000 元到 30000 元不等。

门诊特殊慢性病基本医疗保险医疗费分担支付表

定点医疗机构级别	医保基金支付	个人负担
一级及以下	85%	15%
二级	70%	30%
市三级	55%	45%
自治区三级	50%	50%

门诊医疗统筹年度限额支付 200 元／人（含一般诊疗费，此限额会根据当时的物价等因素进行调整），超过年度限额支付以上部分的医疗费用由个人支付。

新的城乡医保不再建立家庭账户或个人账户，而是建立了门诊统筹，按每人每年不高于 50 元筹集，从当年筹集的城乡居民基本医疗保险基金总额中提取出来作为门诊的医疗保障。如果参加过新农合的家庭账户中还有余额，那么仍然可以照常在门诊、住院等医疗过程中使用，用完为止。

4 住院待遇

当年在三级、二级、一级定点医疗机构第一次住院，基金起付标准分别为 600 元、400 元、200 元；第二次及以上住院的，每次基金起付标准分别为 300 元、200 元、100 元，从符合基金支付总额中扣除。举个例子，小王第一次住院是在二级医院，起付标准为 400 元，同一年第二次在同一个医院住院时起付标准为 200 元。

参保人员在一级及以下、二级、市三级、自治区三级定点医疗机构住院治疗发生符合基本医疗保险支付范围的医疗费用，统筹基金分别支付 90%、75%、60%、55%。其中，使用基本医疗保险乙类、丙类较为特殊的医药的，需要由个人自付 15%、30%，剩下的按基本医疗保险的规定支付。

对建档立卡贫困人口的参保人员住院治疗的，在基金支付比例的基础上提高报销比例 5%。

5 异地就医

经社会保险经办机构同意转到统筹地区外自治区内、自治区外住院的，在参保地住院治疗报销比例的基础上，统筹基金报销分别降低 5%、10%；未经同意就转院的，统筹基金报销分别降低 15%、20%。

农民工与基本医疗保险

小贴士

关于农民工参与基本医疗保险各地的规定不一，我们广西已经明确了规定：所有与用人单位建立劳动关系的进城农民工，均应依法参加城镇职工基本医疗保险，与城镇职工执行同一缴费基数，享受同等医保待遇，农民工患大病后想要回原籍治疗的，由社会保险经办机构提供异地就医医疗费用结算服务。进城农民工在参加职工基本医保的基础上，还必须同时参加职工大额医疗费用统筹。原来参加的其他基本医保可以到经办机构停办。

像小时工、临时工的这种比较不稳定的就业方式，有两种参保方式：一是以灵活就业人员的身份参与职工医疗保险，二是参加户籍所在地的城乡居民医疗保险。

二、妇幼保障政策

（一）妇女、婴幼儿补助项目

1 给广西农村户籍妇女的补助

（1）孕产妇住院分娩平产给予每例 400 元补助，危急重症孕产妇住院分娩抢救给予每例 1000 元补助。

（2）孕妇在基层医疗卫生机构进行产前筛查［针对 21- 三体综合征（小儿唐氏综合征）和神经管缺陷的血清生化免疫筛查］给予每例 115 元的补助。

（3）孕产妇住院分娩的新生儿在基层医疗卫生机构进行疾病筛查（苯丙酮尿症和先天性甲状腺功能减低症）给予每例 52 元的补助。

（4）对 35 ～ 64 岁妇女的乳腺癌检查每例补助 24 元。

◆ 母亲与孩子都有健康保障

2 给父母一方或双方为广西农村户籍的新生儿的听力检查补助

（1）新生儿进行听力初筛查每例补助 50 元。

（2）新生儿进行听力复筛查每例补助 50 元。

（3）新生儿进行听力诊断每例补助 200 元。

3 对地中海贫血双阳性夫妇的补助

对夫妇一方或双方为农村户籍，并且诊断为地中海贫血双阳性的，给予每例 1300 元，每对夫妇 800 元的补助。

（二）妇女、婴幼儿免费项目

（1）广西户籍新婚登记男女双方免费婚前医学检查。

（2）广西农村户籍育龄夫妇免费孕前优生健康检查。

（3）在婚前医学检查中免费进行地中海贫血筛查；在孕期检查中，基层医疗卫生机构免费提供地中海贫血筛查。

（4）对农村育龄妇女在孕前 3 个月和孕早期 3 个月免费提供叶酸补服预防神经管缺陷。

（5）为孕产妇免费提供艾滋病、梅毒、乙肝检测试剂。

（6）基层医疗卫生机构免费为孕产妇建立《孕产妇保健手册》、5 次孕产妇健康管理、2 次产后访视。

（7）基层医疗卫生机构免费为 0～6 岁儿童建立《儿童保健手册》并进行 2 次新生儿访视和 8 次儿童健康管理。

三、残疾人补助政策

关爱残疾人的补助政策如下表所示：

补贴项目	补助对象或条件	补助标准或内容
阳光家园计划——智力、精神和重度残疾人托养服务项目	智力、精神和重度残疾人	每人每年 1000 元

续表

补贴项目	补助对象或条件	补助标准或内容
"党员扶残温暖同行"项目补贴	在建档立卡贫困户中有一定劳动能力，有脱贫致富愿望，有增收快、效益好的发展项目，被列入当年脱贫对象的残疾人家庭	每年每户补助不低于1000元
贫困残疾人家庭无障碍改造补贴	有家庭无障碍改造需求的贫困残疾人家庭	一次性每户补贴4000元
残疾人机动轮椅车燃油补贴	使用残疾人机动轮椅车代步的残疾人	每年每辆车补贴260元
残疾人驾驶汽车培训补贴	已考取汽车驾驶证的残疾人	一次性补贴每人600元
残疾人专职委员岗位补贴	乡（镇、街道）、社区（村）残疾人专职委员	乡（镇、街道）、社区残疾人专职委员自治区补贴每人每月200元；村残疾人专职委员自治区补贴每人每月50元
个体户和灵活就业残疾人基本养老保险补贴	贫困残疾人个体户和灵活就业的残疾人	自治区补贴每人每年1200元（县级市）、800元（市辖区）
中高等残疾学生助学金	当年考上高中以上普通院校的残疾学生，经自愿申请获得相应的助学金	一次性补贴：本科每人3000元、专科每人2000元、高中每人1500元
贫困白内障患者复明手术补贴	贫困白内障患者	每例补助600元

四、关爱留守儿童

"三留守"人员是指留守儿童、留守老人和留守妇女。

农村留守儿童，是指父母双方从农村流动到其他地区 3 个月以上，不与父母双方共同生活，留在户籍所在地农村生活的 14 周岁（含 14 周岁）以下的未成年人。

农村留守老人，是指农村子女外出务工连续 3 个月以上，留在户籍所在地生活的 60 周岁以上（含 60 周岁）老年人。

农村留守妇女，是指丈夫外出务工，连续 6 个月以上不与丈夫共同生活，留在户籍所在地农村生活的 60 周岁以下（不含 60 周岁）农村妇女。

三留守人员都需要社会的关爱，其中儿童是我们未来的希望，我们更应该多多去了解、关注留守儿童。

（一）留守儿童关爱制度

（1）加强心理健康教育。针对性地开展留守儿童心理辅导和行为矫正工作，降低留守儿童心理行为问题的发生率和儿童精神疾病的患病率。

（2）加强"儿童之家"的建设。加快推进"儿童之家"建设工作，2020 年前，完成 90% 以上的贫困村（社区）每村建设一所为儿童及其家庭提供游戏、娱乐、教育、卫生、社会心理支持等服务的"儿童之家"的目标。

◆ "儿童图书角"提供适合孩子读的书

（3）提供丰富的文化服务。引导各类媒体制作和传播有益于儿童健康成长的信息，鼓励和支持优秀儿童文化产品的创作、生产和发行。积极组织适合儿童的文化活动，公共图书馆设儿童阅览室或图书角，有条件的市、县建儿童图书馆。"农家书屋"要配备一定数量的儿童图书。

（4）建立学校关爱机制。实施教师联系帮扶适龄入学留守儿童制度，发挥中小学校、幼儿园在农村留守儿童管理服务中的教育作用，全面建立农村留守儿童情况排查登记和情况报告、监护人联系、管理教育责任、结对帮扶、沟通交流、寄宿优先等制度。

（5）开展社会关爱服务。组织乡村干部、农村党员、青年志愿者和社会组织对留守儿童进行结对关爱服务，定期开展围绕学业辅导、亲情陪伴、自护教育等关爱帮扶活动，切实解决留守儿童校外管理、关护、教育、娱乐问题。

（6）建立临时监护人制度。由村民（居民）委员会出面组织外出务工人员，在其同一居住地指定亲戚或其他合适人选作为临时监护人，签订临时监护或托养协议，明确监护或托养责任及相关费用等事项。

（7）保护合法权益。加大维权知识的普及宣传，强化父母第一责任人意识，预防和打击侵害儿童人身权利的违法犯罪行为，禁止对儿童实施一切形式的暴力，完善儿童法律援助和司法救助机制，加快建设公安机关办理未成年人案件专门机构或落实专门人员。将符合条件的农村留守儿童纳入农村低保、医疗救助、灾害救助、临时救助、流浪人员救助等社会救助保障范围。

[来源于《广西壮族自治区人民政府办公厅印发脱贫攻坚农村"三留守"人员和残疾人关爱工作实施方案》（桂政办发〔2016〕17号）]

（二）陪伴是最好的关爱

　　人的一生最重要的时光是童年，孩子能在父母的呵护下安全快乐地成长是莫大的幸福，爸爸妈妈的怀抱是孩子最温暖的港湾。家庭是儿童最重要的成长环境，亲情关爱和家庭温暖是儿童身心健康发展的保障；父母是孩子最重要的老师，一言一行都会影响孩子的成长，在孩子的教育中起着难以替代的作用。

　　《中华人民共和国民法通则》《中华人民共和国未成年人保护法》《中华人民共和国预防未成年人犯罪法》均明确了父母或者其他监护人的监护职责和抚养义务，监护不只是权利，更是责任，于情于理于法，父母都应该在家庭发展中首先考虑儿童利益，为孩子创造符合其身心特点的成长环境。

◆ 和孩子一起玩游戏，其乐融融

给在外勤劳致富的父母们的六个建议：

1 不要忘了孩子

家长出外打工很辛苦，也是生活所累，不得不离开自己的孩子，但是无论自己多累，都不要因为把孩子交给了爷爷奶奶或外公外婆，就觉得不用管了。孩子就算有别的长辈照顾，父母的关爱也是不能被替代的。如果可以，请尽量选择在离家近一些的地方打工，这样方便回家，能够更多地看到孩子，了解孩子的情况。

2 定期给孩子打电话

家长外出打工，不管有多忙，有多远，都可以时不时给孩子通通电话，和孩子聊聊天，关心一下孩子的生活和学习。比如，我们可以和孩子约定好每个月通两次电话，在每月的1日和15日，这样孩子在20日的时候就会期待1日，在10日的时候就可以期待15日，孩子就会感觉生活有盼头、有希望。

经常通电话的好处是，如果孩子有什么困

◆ 通过电话与孩子联络感情

难或是烦恼，可以及时地得到关注，得到家长的帮助或者建议；同时孩子也能关心了解家长的近况，不仅能够使孩子更有安全感、让孩子有机会练习与人交流，对在外辛苦的家长也是一种安慰。

3 可以在特殊的日子给孩子一份礼物

在中秋节等特殊的日子（如果家长能记得孩子的生日就更好了），给孩子一点小礼物，或者一张卡片、一封信也可以，这样能让孩子在节日的气氛中感受到自己是被关爱的，而不是被抛弃的。

4 过年的时候一定尽量回家

无论离家有多远，回家多么不方便，父母一定要想着，家里有可爱的孩子在等着你们回家。过年是传统中团圆的日子，要是别人家团圆了，自家却让孩子孤孤单单的，孩子心里的失落感会比平时更大。

5 关注孩子的心理变化

家长如果能通过电话和网络和孩子培养出良好的关系，那么家长即使不在家，也能潜移默化地影响孩子，因此，即使和孩子之间可能隔着千山万水，也请不要放弃对孩子的教育。通电话的时候不要只关心孩子的身体、学习成绩等表面的事情，也要关注孩子生活中发生了什么好或坏的事情，他或她对此有什么感觉、想法，以此来了解孩子到了哪些成长阶段。

6 孩子也可以成为我们坚实的后盾

不要将孩子当作是负担，孩子在不断地自己成长，理解能力也在不断地加强，我们可以告诉孩子一些家长自己生活中的困难（不要抱怨），告诉孩子家长也很想回家，想待在孩子身边，孩子逐渐地就会理解父母的爱和辛劳，慢慢坚强起来，或许哪天他或她就真正成长为了家

长的靠山。

（三）教授日常安全知识

（1）不要随身携带火具，不要点火玩火，烧火做饭要看好火。

（2）不要触摸电线，不要随便触碰家用电器。

（3）不要在鱼塘、池塘、水库、水井、水沟、江河、湖泊等危险的地方旁边嬉戏玩耍，不要下水玩和游泳；遇到同伴溺水的突发情况，首先要大声呼救，找大人前来救助，不要慌忙下水施救。

（4）不要攀爬树木、围墙以及山体岩石，远离电力塔。

（5）遇到下雨刮风天气，不要外出玩耍。

（6）不要轻信陌生人的话，不要让陌生人随便进家门。

（7）背心裤衩遮挡的地方不能让人碰，如果遭遇私处被触摸、暴力侵害以及性侵害，一定要告诉家里人或者可以信任的大人，比如老师。

（四）养成正确行为方式

不拿别人的东西，偷拿窃取很可耻。

摩擦冲突总难免，打架骂人不可取。

爱惜物品不乱摔，不要成为破坏王。

网络游戏不沉迷，淫秽制品不去看。

抽烟喝酒不能学，赌博更是要远离。

毒品是个大魔鬼，不要好奇不要碰。

离家出走不可取，冷了饿了找救助。

小贴士

除教育孩子什么该做什么不该做以外，最重要的是告诉孩子，成长路上会犯错，犯错会付出代价，但只要勇于知错、认错、改错，就还是好孩子。

案例分析

15岁的强某某是某中学的学生，平时较为乖巧，性格内向。自从迷上网络游戏后，本来就一般的学习成绩更是差得一塌糊涂。父母见儿子整天上网不学习，也没少打骂，但收效甚微。一天深夜，强某某像平时一样在电脑前"厮杀"着。其母寻找原放在保险柜里的金耳环，但遍寻不着，就怀疑是强某某偷拿了，强某某对其母的质问矢口否认。其母本来对强某某平时的表现就很失望，这时越想越生气，就一边骂一边动手打强某某。强某某一怒之下，从电脑桌的抽屉里拿出一把弹簧刀连续朝其母腹部、胸部、背部、颈部等部位捅了数刀，致其母当场死亡。慌乱的强某某去找朋友喝酒，喝完酒后不敢回家，又到网吧上网至次日中午，但虚拟的网络游戏没有像往常一样给强某某带来战斗的快感和荣耀，也无法冲淡其内心的恐慌、愧疚和悲痛，其母惨死在自己刀下的镜头时不时浮现在脑海里，挥之不去。最后，强某某到派出所投案。

解读：

青少年正处于青春发育期，好奇心重、模仿性强，加上社会阅历浅、是非辨别能力差等特点决定了其更容易受到暴力内容的毒害。要降低互联网对青少年的负面影响，就必须从青少年自身、家庭、学校和社会几方面入手。

（五）呵护儿童身心健康

农村外出务工人员的增多，农村留守儿童问题已成为当前基础教育的一个重要问题。留守儿童缺少父母的爱，在对他们的管教上很容易出现"三多"和"三缺"问题：隔代监护多溺爱、寄养监护多偏爱、无人监护多失爱；生活上缺人照应、行为上缺人管教、学习上缺人辅导。很多孩子表现出内心封闭、情感冷漠、自卑懦弱、行为孤僻、性格内向的特点，缺

◆ 青春期的孩子有很多烦恼，需要我们的陪伴

乏爱心和交流的主动性，还有的脾气暴躁、冲动易怒，常常将无端小事升级为打架斗殴。

2008年2月25日是安徽省太湖县晋熙镇天台联合小学开学的第一天，也是该校五年级学生章杨宇爸妈出门打工的第十天。然而，就在这一天，章杨宇选择了告别这个世界：在人迹罕至的村祠堂后面的一间小屋，他自缢在一根横梁上，裤子口袋里留下一封给父母的遗书。遗书中，他留下了让所有人都刻骨铭心的一句话："你们每次离开我都很伤心，这也是我自杀的原因……"

该案例中的章杨宇正是含苞待放的花朵，但是由于长年不能跟父母在一起，导致出现了心理问题，最终选择了逃避现实，离开这个世界。这个悲剧的发生，给外出打工的广大父母敲响了警钟，挣钱养家固然重要，但是切莫一味地只顾工作，忘记了孩子，忽视了孩子的行为和心理变化，一定要关心孩子，跟孩子多沟通，这样孩子才能健康成长。

加强留守儿童的心理健康教育，可以从以下几个方面入手：

（1）搭建亲子沟通的桥梁，让孩子感觉家长就在身边。

（2）加强家长和监护人的沟通，把对孩子的教育落到实处。

（3）创设恰当的挫折情景，培养留守儿童承受挫折的能力。

（4）教给孩子调节情绪的方法，培养留守儿童情绪调控的能力。

（5）教给孩子与人相处的方法，让留守儿童学会人际交往。

（6）整合社会力量，共同搭建留守儿童爱心教育平台。

家长要告诉孩子的监护人（孩子的爷爷奶奶、外公外婆等），不要欺骗孩子，不要过分溺爱孩子，也不要过分打骂斥责孩子；孩子遇到挫折，要以鼓励为主，孩子有了小成就，就要赞扬孩子认真努力的品质。

法制: 和谐新面貌

村村通公告栏

1	党的十九大报告中提出："坚持依法治国、依法执政、依法行政共同推进，坚持法治国家、法治政府、法治社会一体建设，坚持依法治国和以德治国相结合，依法治国和依规治党有机统一，深化司法体制改革，提高全民族法治素养和道德素质。"
2	"七五"普法指的是法制宣传教育的第七个五年规划（2016—2020年）。
3	2015年12月，《中华人民共和国反家庭暴力法》出台了！

一、自尊自爱　拒绝黄赌毒

（一）卖淫嫖娼害和谐

1 禁"黄"禁的是什么？

所谓禁黄，禁的是卖淫、嫖娼、传播淫秽物品（如色情影像、色情书刊等）、进行淫秽展示等行为。

2 "黄色行为"有什么危害?

首先,卖淫、嫖娼容易导致性病、艾滋病等传染性疾病的传播,不但影响自己的身体健康,而且影响公共卫生安全,更影响家庭和谐;其次,淫秽色情物品及表演败坏社会风气,使人无心工作和学习,影响社会生产力,且容易诱发强奸等犯罪行为,给社会埋下安全隐患。

3 "黄色行为"应该如何处置?

《中华人民共和国治安管理处罚法》第六十六条规定,卖淫、嫖娼的,处十日以上十五日以下拘留,可以并处5000元以下罚款;情节较轻的,处五日以下拘留或者500元以下罚款。第六十九条规定,组织播放淫秽音像的、组织或者进行淫秽表演的、参与聚众淫乱活动的,处十日以上十五日以下拘留,并处五百元以上一千元以下罚款。

《中华人民共和国刑法》规定:①组织他人卖淫或者强迫他人卖淫的,处五年以上有期徒刑,情节严重或特别严重的处十年以上有期徒刑、无期徒刑或死刑,此外,引诱、容留、介绍他人卖淫的,看情节严重程度,可以处五年以下有期徒刑、拘役或者管制,或者五年以上有期徒刑。②以牟利为目的,制作、复制、出版、贩卖、传播淫秽物品的,处三年以下有期徒刑、拘役或者管制,并处罚金;情节严重的,处三年以上十年以下有期徒刑,并处罚金;情节特别严重的,处十年以上有期徒刑或者无期徒刑,并处罚金或者没收财产。

(二)赌博成性害家人

1 赌博是什么?

近年来,随着我国经济的发展,农村生活水平提高了,而且由于农

业技术的发展，农闲的时间也多了，咱们农民常常没事可做，村子里缺少娱乐项目，大家就会聚在一起打打牌、打打麻将。

打棋牌本是益智又怡情的体育活动，但如果在输赢上加上了钱财的赌注，就变了味道，把健康的活动变成了有害的赌博。很多地方在过年的时候有聚在一起赌博的习惯，打牌的价码越来越高，几百元、几千元都有，这可早就不是"小赌怡情"了，更不是好"风俗"，这是犯法，赌资达到一定数额是可以判刑的。更别说，有些人在外打工，一年到头辛辛苦苦挣了几万块血汗钱，就在回村过年那几天打牌输掉了；还有在我们广西农村很泛滥的买"六合彩"的行为，一村里挣的钱几乎都给了外地的"六合彩"，这可怎么是好，要是不改掉这些"新风俗"，是没法真正脱贫致富的。

法博士告诉你：只要是以获得经济利益为目的，以财物做赌注比输赢的，都是赌博活动。在我国，任何形式的赌博活动都是违法的，一律禁止和取缔。赌博或者为赌博提供条件情节严重构成犯罪的，依法追究刑事责任。

我们要拒绝赌博，脚踏实地地用劳动获取钱财，这样发的财才是自己的，才能让自己和家人过上踏踏实实的好日子。

② 赌博有什么危害？

赌博活动的危害可不是一两个，它给个人、给家庭、给社会甚至给国家都会造成严重的危害。

（1）赌博和贫穷是一对好朋友，是建设小康社会的蛀虫。

赌博会造成很大的经济损失，影响个人生活、家庭和谐，也是社会财富的一种流失。赌博的"赢"是一个很小概率的事件，也就是十赌九输，刚开始参与赌博的人或许能赢上一两次，然而赢了想赢更多，输了又想扳回损失，人就会越陷越深，不能自拔，荒废了正事。如果一个地方有很多人爱赌博，那么这个地方很难脱贫，甚至脱贫了也会返贫。因此，要想让贫穷远离自己，远离大家，首先就得使大家一起远离赌博恶习。

（2）赌博会搅乱你的脑子。

赌博会使参赌的人无心工作和生活，不但自己过得一团糟，而且会影响家人，更会扰乱正常的生产和生活秩序。赌博者缺乏责任心、无心照顾他人，很多地方出现过由于监护者沉迷赌博使老人或小孩缺乏照看导致他们意外或者急病丧命的事件，类似的新闻在网络、电视、报纸经常可以看到。大家千万别有侥幸心理，觉得自己自控力很好或者运气很好，赌博也不会发生这种事，毕竟，只要在赌博上花费了大量的时间和精力，就会精神空虚，很容易忽视自己身边的危险。

（3）赌博影响下一代的教育。

有些父母或祖父母，不懂得教育孩子，也不陪伴孩子，一有时间就打牌赌博，孩子只能在旁边看或者自己玩，学会说的话都是大人们牌桌上为了钱互相咒骂的话，这样长大的孩子心理能健康吗？他在小的时候受到了这样的熏陶，他长大会成什么样呢？有些村里年纪很小的孩子已经开始赌博，连下一代都染上了恶习，这样的村子很难富裕起来。

（4）赌博非常容易造成社会的不稳定、不安全，是建设和谐社会的一大阻碍。

赌博不但会导致夫妻感情破裂，邻里、兄弟之间反目成仇，而且会导致在赌博中输了钱、欠了钱却又难以戒赌的人走上盗窃、抢劫、甚至谋财害命的违法犯罪之路。一旦为了钱做出了错事，可就更难回到自己原来平安的生活了。

③ 法律规定赌博行为应该如何处置?

《中华人民共和国治安管理处罚法》规定,以营利为目的,为赌博提供条件的,或者参与赌博赌资较大的,处五日以下拘留或者五百元以下罚款;情节严重的,处十日以上十五日以下拘留,并处五百元以上三千元以下罚款。

《中华人民共和国刑法》规定:以营利为目的,聚众赌博或者以赌博为业的,处三年以下有期徒刑、拘役或者管制,并处罚金;开设赌场的,处三年以下有期徒刑,拘役或者管制,并处罚金,情节严重的,处三年以上十年以下有期徒刑,并处罚金。

以营利为目的,有下列情形之一的,属于刑法规定的"聚众赌博",追究刑事责任:

①组织 3 人以上赌博,抽头渔利数额累计达到 5000 元以上的;②组织 3 人以上赌博,赌资数额累计达到 5 万元以上的;③组织 3 人以上赌博,参赌人数累计达到 20 人以上的;④组织中华人民共和国公民 10 人以上赴境外赌博,从中收取回扣、介绍费的。

此外,我国公民在我国领域外周边地区进行聚众赌博、开设赌场,以吸引我国公民为主要客源,构成赌博罪的,同样依照刑法规定追究刑事责任。

明知他人实施赌博犯罪活动,而为其提供资金、计算机

◆ 拒绝"黄""赌""毒"不良诱惑

网络、通讯、费用结算等直接帮助的，以赌博罪的共犯论处。

实施赌博犯罪，有下列情形之一的，依照刑法规定从重处罚：

①具有国家工作人员身份的；

②组织国家工作人员赴境外赌博的；

③组织未成年人参与赌博或者开设赌场吸引未成年人参与赌博的。

六合彩是什么？

延伸阅读

六合彩（英文：Mark Six）是香港唯一的合法彩票，是少数获香港特区政府准许合法进行的赌博之一。正式的六合彩由香港赛马会主办，香港特区政府和香港赛马会从来没有在香港以外的地区开设投注业务，亦没有委托任何人或组织进行相关业务。因此，**中国内地所有以"香港六合彩""香港赛马会""香港马会"或类似名目进行的"六合彩"活动，都是假冒的，都是违法的。**另外，香港赛马会的官方网站在内地是不能登入的，也就是说，**在中国内地可以直接登入的六合彩网站都是假冒网站。**

内地的假冒六合彩加进了不少香港六合彩所没有的成分，如以生肖预测开彩结果，事实上是中国古老赌博方式"字花"的翻版。中国内地其他的假冒六合彩常用手法还包括声称有内幕消息，假冒香港赛马会名义出版各种传单、小册子、报纸，或提供虚假的香港电话号码声称有咨询服务等。

中国内地的假冒六合彩常见的招徕方式包括发送手机短信、散发单张等，网上还有大量虚假的"六合彩"网站，有的甚至贴出不存在的"委托证书"，或同时附上戒赌热线等，假装是正式网站来增强网站的说服力。然而，正式的香港赛马会在香港唯一进行的宣传是介绍六合彩投注如何用于慈善用途，绝不会以任何方式主动招揽民众投注。**中国内地的任何"香港六合彩"服务都是虚假及非法的。**

根据调查，村里人赌博的几大理由是"熟人邀请，抹不开面子""闲暇时间多，消遣一下"和"就是喜欢玩"，可以看出，赌博成风的

现象主要是村里缺乏活动，我们农民又缺少健康的兴趣爱好造成的，此外，熟人之间互相影响，太过在乎"面子"也是诱因之一。

为了改善农村赌博的风气，村里应该在农闲时间多举办与赌博无关的活动，如体育比赛、文艺活动、广场舞、读书会等，组织一些兴趣爱好小团体，如舞蹈队、相声队、篮球队等，让大家一起参加，使大家除了赌博打牌能有更多的娱乐活动选择，村民就可以积极参加集体、家庭活动，让自己和家人的生活充实起来。现代人比起面子还是里子重要，当朋友叫你去赌博的时候，想想自己的家人，反过来叫他和你一起去打球吧。

（三）毒品可怕莫要沾

1 什么是毒品？

毒品是指鸦片、海洛因、甲基苯丙胺（冰毒）、氯胺酮（K粉）、吗啡、大麻、可卡因（古柯碱）以及国家规定管制的其他能够使人形成瘾癖的麻醉药品和精神药品。新合成毒品中以苯丙胺类、大麻受体激动剂多见。

不论是传统的毒品还是新型的毒品，对人体的危害都很大。毒品对人的伤害有增无减，那些说"新型毒品不容易上瘾"的人，如果不是笨，就是坏。

2 毒品有什么危害？

①毒品价格高昂，又让人上瘾，最终一定会使人陷入贫困，连食物和生活必需品的钱都拿去买毒品。一旦停止吸毒，吸毒者的生理功能就会发生紊乱，出现戒断反应，使人感到痛苦万分，很多吸毒者没有钱继续吸毒，又不去寻求正规的戒毒方式，结果就是死于严重的身体戒断反

应引起的各种并发症，或由于痛苦难忍而自杀身亡。

②毒品毒害身体，使身体衰弱，容易生病、死亡。吸毒者的平均寿命比一般人群短10～15年，一般不超过40岁，四分之一的吸毒成瘾者会在开始吸毒后十年左右死亡，而且吸毒过量、吸毒导致的抑郁自残和并发症等因素可以随时造成吸毒人员死亡。

③毒品毒害大脑，使吸毒者性情大变、缺乏自控力，甚至患上精神疾病、失去人性，继而伤害他人，做出让自己后悔、他人痛恨的事情来，导致亲属离散甚至家破人亡。

④吸毒不仅损害自身健康，还有可能会造成乙肝、丙肝、性病、艾滋病的传播等公共卫生问题，其中后果最严重的是艾滋病的感染和传播。人在毒瘾发作时丧失理智，吸毒中常有共用注射针头的情形发生，这是最容易感染艾滋病的行为之一。

⑤毒贩为了巨大利益已放弃基本的伦理道德，贩卖毒品活动会给社会安定带来巨大威胁，是最严重的刑事犯罪之一。

3 与毒品相关的法律罪责

《中华人民共和国刑法》规定：

①走私、贩卖、运输、制造毒品罪：无论数量多少，都应当追究刑事责任，予以刑事处罚，情节严重的可处十五年有期徒刑、无期徒刑或者死刑，并处没收财产。利用、教唆未成年人走私、贩卖、运输、制造毒品，或者向未成年人出售毒品的，从重处罚。

②非法持有毒品罪：处三年以上七年以下有期徒刑，或七年以上有期徒刑，或者无期徒刑，并处罚金。

③包庇毒品犯罪分子罪；窝藏、转移、隐瞒毒品、毒赃罪：处三年以下有期徒刑、拘役或者管制；情节严重的，处三年以上十年以下有期

徒刑。

④非法生产、买卖、运输制毒物品、走私制毒物品罪：处三年以下有期徒刑、拘役或者管制，并处罚金；情节严重的，处三年以上七年以下有期徒刑，并处罚金；情节特别严重的，处七年以上有期徒刑，并处罚金或者没收财产。

⑤非法种植毒品原植物罪：处五年以下有期徒刑、拘役或者管制，并处罚金；情节严重的，处五年以上有期徒刑，并处罚金或者没收财产。在毒品植物收获前自动铲除的，可以免除处罚。

⑥有以下行为的，处十日以上十五日以下拘留，可以并处二千元以下罚款：非法持有少量毒品的；向他人提供毒品的；吸食注射毒品的；胁迫、欺骗医务人员开具麻醉药品、精神药品的；教唆、引诱、欺骗他人吸食、注射毒品的。

4 毒贩的陷阱

为了引诱他人吸毒，毒贩会设置各种骗局或陷阱，常见的骗局或陷阱有以下几种，千万不要上当！

陷阱1：时不时吸一两次不会上瘾，还可以助兴狂欢——毒品是强力的精神药剂，一旦摄入人体就会使神经系统产生改变，很多毒品只要一次或者少量就会使人体和大脑产生很强的依赖性。

陷阱2：免费尝试——那一定是因为尝试了一次以后你就离不开毒品了，毒贩就等着你上瘾呢，那就是他得到你高昂的毒资的时候。

陷阱3：吸毒能提高注意力，增强记忆力——毒品可能在刚摄入的几分钟内让你的大脑兴奋，让人误以为自己变聪明了，其实那都是错觉，它只能搞坏你的大脑、破坏你的记忆力。

陷阱4：吸毒可以减肥——吸毒者的确会瘦，但那是因为吸毒成瘾导致的各种并发症使人面黄肌瘦、肌肉萎缩。

陷阱5：吸毒能够帮助解脱烦恼，治疗神经衰弱和抑郁症——吸毒只能在几分钟内让人感受到有限的快感，在那之后只剩下无尽的空虚，抑郁症和神经衰弱在这种情况下是绝对不可能改善的，只可能加重，乃至自伤、自杀。

陷阱6：把毒品掺在饮料或者咳嗽药水里卖给你，告诉你这只是比较刺激的饮料，或者把毒品换个新名字，说能够让你爽，但绝对不会上瘾——这告诉我们在各种场合一定要保持警惕，不要吃喝不明不白的东西，不要相信"可以爽、不会上瘾"的鬼话，任何能给人不合理的快感（也就是所谓的"爽"）的东西是一定会上瘾的。

警告：切莫因为好奇或好面子去吸第一口毒，毒品给人带来的只会是更多的空虚以及毁灭。请珍爱生命，终生拒绝毒品、远离毒品！

5 戒毒的办法

戒毒不仅需要拥有坚强的意志、受到严格的管理，还需要得到专业的医疗保障才能达到目标。

对于叛逆心理强的未成年人或者不予配合的成年人，应当向当地公安机关、街道办事处或乡镇人民政府寻求帮助，进而使他们参加社区戒毒。

对于拒绝接受社区戒毒或者在社区戒毒期间吸食和注射毒品的，以及严重违反社区戒毒协议、经社区戒毒后再次吸食和注射毒品的，应当进行强制隔离戒毒。

6 怎样看待吸毒人员

（1）吸毒是违法行为，不仅影响自己，还会造成很坏的社会影响，所以吸毒人员必须接受戒毒。

（2）吸毒人员是脑疾病患者，需要接受专业的治疗，戒毒后也需

要进行康复治疗。

（3）吸毒人员也是受害者，我们应该帮助戒毒人员回归社会、防止他们复吸。

> 相关阅读
>
> 《中华人民共和国刑法》http://www.mps.gov.cn/n2254314/n2254409/n2254410/n2254417/c3701295/content.html
>
> 《中华人民共和国治安管理处罚法》http://www.gov.cn/flfg/2005−08/29/content_27130.htm

二、婚姻大事　依法办事

（本小节内容根据《中华人民共和国婚姻法》《最高人民法院关于适用〈中华人民共和国婚姻法〉若干问题的解释》整理而成）

婚姻是两个平等的人结为合法伴侣，从此相扶相助的方式，是严肃的、神圣的，婚姻的程序和条件有严格的法律规定，不可儿戏。此外，在婚姻生活中难免产生各种各样的摩擦和问题，这也需要我们知法懂法，才能保"家"护航。

（一）结婚是严肃的事情

我国的婚姻制度是婚姻自由、一夫一妻、男女平等的婚姻制度。禁止包办、买卖婚姻和其他干涉婚姻自由的行为。禁止借婚姻索取财物。禁止重婚。禁止有配偶者与他人同居。禁止家庭暴力。禁止家庭成员间的虐待和遗弃。

1 自愿原则

《中华人民共和国婚姻法》规定：结婚必须男女双方完全自愿，任何人不得阻碍或强迫。

如果其中一方是收到胁迫（《中华人民共和国婚姻法》第十一条所称的"胁迫"，是指行为人以给另一方当事人或者其近亲属的生命、身体健康、名誉、财产等方面造成损害为要挟，迫使另一方当事人违背真实意愿结婚的情况）而结婚的，可以在一年内向婚姻登记机关或人民法院申请撤销婚姻；如果被限制了人身自由而没法申请撤销婚姻，那么可以在恢复自由后的一年内提出。

解读：包办婚姻的年代已经过去了，现在是个人人平等的时代，子女是父母的亲人，也是独立的个体，父母没法一辈子替子女做主，在婚姻大事上，让子女自己决定、自己为决定负责，才能使家庭获得真正的幸福。

2 年龄规定

《中华人民共和国婚姻法》规定：男性22周岁前不得结婚，女性20周岁之前不得结婚，鼓励晚婚晚育。

婚姻任意一方未达到法定婚龄的婚姻都是无效婚姻，不受法律保护；其中，如果女孩未满14周岁，那么男方涉嫌强奸罪——这和是否自愿没有关系，因为14周岁以下的孩子在法律上不是完全民事行为能力人，她的"自愿"没有法律效力。

解读：男性22周岁和女性20周岁是男女生理完全成熟，适合生儿育女的年龄，同时心理也达到了一定的成熟度，可以承担婚姻的责任了。旧社会有很多孩子生理没有成熟就成为别人的丈夫或妻子，结合不幸福，生下的孩子也不健康，尤其女孩子太早结婚对身体的伤害是很大的。在生活水平发展的今天，或许营养过剩的十几岁孩子生理早熟，但心理仍没有达到适合成家立业的程度。最重要的是，在社会主义新农村，我们应该知法守法，拒绝早婚，

也不要让孩子早婚。

3 合法程序

　　《中华人民共和国婚姻法》要求，结婚的男女双方必须亲自到婚姻登记机关进行结婚登记。符合《中华人民共和国婚姻法》规定的，婚姻登记机关予以登记，发给结婚证。取得结婚证，即确立夫妻关系。未办理结婚登记的，应该补办登记。

　　登记结婚后，根据男女双方约定，女方可以成为男方家庭的成员，男方可以成为女方家庭的成员。

4 无效婚姻

　　《中华人民共和国婚姻法》规定，以下几种情况下的婚姻是无效婚姻：

　　（1）重婚的（即先前已经结过婚、没有离婚的人再次结婚）；

　　（2）有禁止结婚的亲属关系的（直系亲属或三代以内旁系亲属）；

　　（3）婚前患有医学上认为不应当结婚的疾病，婚后尚未治愈的（所以婚前一定要进行体检和医学鉴定）；

　　（4）未到法定婚龄的。

　　依法被宣告无效或被撤销的婚姻，就可以确认它从开始的那天起就是无效的，当事人双方在这段时间内不具有夫妻的权利和义务。同居期间所得的财产，由当事人协议处理；协议不成时，由人民法院根据照顾无过错方的原则判决。对重婚导致的婚姻无效的财产处理，不得侵害合法婚姻当事人的财产权益。当事人所生的子女，适用婚姻法有关父母子女的规定。

5 离婚

　　（1）男女双方自愿离婚的，准予离婚。双方必须到婚姻登记机关申请离婚。婚姻登记机关查明双方确实是自愿并对子女和财产问题已有适当处理时，发给离婚证。

（2）男女一方要求离婚的，可由有关部门进行调解或直接向人民法院提出离婚诉讼。

（3）人民法院审理离婚案件，应当进行调解；如感情确已破裂，调解无效，应准予离婚。

（4）女方在怀孕期间、分娩后一年内或中止妊娠后六个月内，男方不得提出离婚。女方提出离婚，或者人民法院认为确有必要受理男方离婚请求的，不受这条的限制。

（5）离婚后，男女双方自愿恢复夫妻关系的，必须到婚姻登记机关进行复婚登记。

（6）离婚后，不直接抚养子女的父或母，有探望子女的权利，另一方有协助的义务。

（7）父或母探望子女，如果不利于子女身心健康（如有暴力、赌博等不良行为），可以由人民法院依法中止探望的权利；中止的事由消失后，应当恢复探望的权利。

（二）分财产也别伤和气

① 共同财产与个人财产

夫妻可以用书面的形式约定夫妻双方的个人财产和共同财产范围，要是没有约定或者约定不明确的，就以下规定为准。

夫妻的共同财产包括两人婚后的：①工资、奖金；②生产、经营的收益；③知识产权的收益；④继承或赠予所得的财产，但遗嘱或赠予合同中确定只归夫或妻一方的财产除外；⑤其他应当归共同所有的财产。

夫妻对共同所有的财产，有平等的处理权。

只属于夫妻一方的财产有：①一方的婚前财产；②一方因身体受到伤害获得的医疗费、残疾人生活补助费等费用；③遗嘱或赠予合同中确定只归夫或妻一方的财产；④一方专用的生活用品；⑤其他应当归一方的财产。

此外，夫妻有相互继承遗产的权利。

② 夫妻有互相扶养的义务

一方不履行扶养义务时，需要扶养的一方，有要求对方付给扶养费的权利。

③ 分割夫妻共同财产

当然离婚是一种分割夫妻共同财产的合法途径，除此之外，有两种重大理由可以在不离婚的时候请求人民法院分割夫妻共同财产。

第一种是，夫妻一方有隐藏、转移、变卖、毁损、挥霍夫妻共同财产或者伪造夫妻共同债务等严重损害夫妻共同财产利益行为的情况；第二种是，夫妻一方负有法定扶养义务的人（如父母、子女）患重大疾病需要医治，而另一方不同意支付相关医疗费用的情况。

④ 返还彩礼

在以下三种情况下夫妻的一方可以要求返还彩礼：

①双方并没有办理结婚

◆ 离婚夫妻在法官的调解下争论是否返还彩礼

登记手续；②双方办理结婚登记手续但没有共同生活，有名无实；③婚前给的彩礼，并且付彩礼导致付彩礼的那一方家庭生活困难。

后两种情况的彩礼返还都是以该夫妻双方离婚为条件的，也就是说，如果已是合法夫妻且不想离婚，那么彩礼是不能返还的。

小贴士

除了这一条关于返还彩礼的婚姻法司法解释，婚姻法总则第三条还规定了"禁止借婚姻索取财物"，可以看出，虽然彩礼作为一种风俗习惯，法律没有进行强制阻止，但是国家是不支持彩礼习俗的。现在有些地方嫁女儿，娘家向婆家狮子大开口，使得男方家庭还要借债结婚，等到了婚后，小夫妻为了还债生活困难，这不是嫁女儿，简直是卖女儿。

新农村，新气象，新时代男女平等，嫁出去的女儿仍然是女儿，对父母的权利和义务不变，彩礼的习俗可以保留，但不应该以此作为重要的收入来源，更不应该认为"嫁出去的女儿泼出去的水，女儿结婚就是外人了"，这都是落后的思想。此外，婚礼也没有必要攀比、铺张浪费，如一定要摆多少桌多少桌，要为小夫妻婚后的生活做打算，后半生的生活质量比一时的面子重要得多了，不能轻重不分啊。

5 离婚时的财产问题

（1）离婚时，夫妻的共同财产由双方协议处理；协议不成时，由人民法院根据财产的具体情况以及照顾子女和女方权益的原则判决。夫或妻在家庭土地承包经营中享有的权益等，应当依法予以保护。

（2）离婚后，一方抚养的子女，另一方应负担必要的生活费和教育费的一部分或全部。

（3）如果夫妻书面约定过婚姻关系存续期间所得的财产归各自所有，而在婚姻过程中其中一方因抚育子女、照料老人、协助另一方工作等付出较多义务的，离婚时有权向另一方请求补偿，另一方应当予

以补偿。

（4）离婚时，原为夫妻共同生活所负的债务，应当共同偿还。共同财产不足以清偿的，或财产归各自所有的，由双方协议清偿；协议不成时，由人民法院判决。

（5）离婚时，如果一方生活困难，另一方应从其住房等个人财产中给予适当帮助。

以上财产问题的具体解决办法都是由双方协议决定，当双方无法达成一致协议时，由人民法院判决。

（三）孩子与父母的关系

1 亲子之间的义务与权利

（1）父母对子女有抚养教育的义务；子女对父母有赡养扶助的义务。

（2）父母不履行抚养义务时，未成年的或不能独立生活的子女，有要求父母付给抚养费的权利。

（3）子女不履行赡养义务时，无劳动能力的或生活困难的父母，有要求子女付给赡养费的权利。

（4）禁止溺婴、弃婴和其他残害婴儿的行为。

（5）子女可以随父姓，也可以随母姓。

（6）父母有保护和教育未成年子女的权利和义务。在未成年子女对国家、集体或他人造成损害时，父母有承担民事责任的义务。

（7）父母和子女有相互继承遗产的权利。

2 妻子做流产手术

胎儿在出生之前是母亲身体的一部分，会影响母亲的健康甚至生命，所以妻子有权决定是否中止妊娠。当然，伦理亲情上妻子在做决定前应该和丈夫商量，尊重丈夫的知情权，但在法律上，如果丈夫以妻子擅自中止妊娠是侵犯了丈夫的生育权为理由起诉要求赔偿的，人民法院不予支持。

3 非亲生也是子女

（1）合法收养关系中，养父母和养子女间的权利和义务和一般父母子女关系相同。

（2）继父或继母和受其抚养教育的继子女间的权利和义务也与一般父母子女关系相同。

因此，合法的继父母和继子女、养父母和养子女与一般父母子女的法律关系是一样的。

4 不抚养亲生孩子

与亲生孩子不在一起生活的可分为几种情况：

（1）亲生孩子被收养：由于合法收养这个过程，养子女和养父母建立了法律上的父母子女关系，与此同时，和生父母之间的子女、父母之间的法律权利和义务也就解除了。这也就是说，被收养的孩子的养父母才是孩子的合法父母，被收养的孩子对生父母不具有法律权利与义务。当然了，血浓于水，此时的生父母与孩子之间仍然有伦理道德和亲情上的亲子关系。

（2）婚姻之外生下的孩子：《中华人民共和国婚姻法》规定，非婚生子女享有与婚生子女同等的权利，任何人不可以危害和歧视；不直接抚养非婚生子女的生父或生母，要负担子女的生活费和教育费，直至子女能独立生活为止。

（3）因离婚而与父母一方分离的孩子：《中华人民共和国婚姻

法》规定，父母与子女间的关系，不因父母离婚而消除，也就是说，离婚后，子女无论是由父还是由母直接抚养，仍是父母双方的子女，对父母双方都具有法定的权利和义务（养父母离婚的情况也是一样）。

案例

两夫妻生了一男两女三个孩子，离婚后大女儿跟随母亲生活，小女儿和儿子跟随父亲生活，但父亲一直在外地打工，小女儿和儿子其实一直由爷爷照顾，于是没多久小女儿就又由母亲带了，父亲也一直没有支付过抚养费。

因此，这位母亲向法院起诉，请求将小女儿判给她抚养，前夫每月支付一定数量的抚养费直到小女儿满十八岁。由于十岁的女儿自愿和母亲一起生活，最后原告被告双方在法官的主持下达成了调解协议，小女儿变更为由母亲抚养，父亲每月支付400元抚养费直到小女儿满18岁。这是藤县法院2016年调解纠纷的真实案例。

解读：

10周岁以上未成年子女，愿随另一方生活，该方又有抚养能力的，人民法院支持变更抚养权。此外，和子女一起生活的一方因患严重疾病或因伤残无力继续抚养子女，或不尽抚养义务、有虐待子女行为，或者其与子女共同生活对子女身心健康的确有不利影响，或者有其他正当理由的，准许变更抚养权。

三、家庭和谐　反对暴力

（一）家庭暴力是什么

2015年底《中华人民共和国反家庭暴力法》（以下简称《反家暴法》）出台，对家庭暴力做出了明确的定义。家庭暴力包括了家庭成员之间以殴打、捆绑、残害、限制人身自由以及经常性谩骂、恐吓等方式实施的身体、精神等侵害行为。此外，《反家暴法》还规定了，家庭成员以外共同生活的人之间实施的暴力行为，同样参照《反家暴法》规定执行，施加暴力的人同样应受到法律的约束或制裁。

注意：

（1）家庭暴力包括限制人身自由（如"关禁闭"）和精神侵害行为（如辱骂），并不是没有直接伤害身体就不算家庭暴力哦。

（2）家庭暴力行为包括了所有家庭成员之间和家庭成员以外共同生活的人之间的暴力侵害行为，并不仅仅是指父母对子女或丈夫对妻子实施的暴力行为。

◆ 成年男性对母亲施加家庭暴力

《反家暴法》保护谁？

小贴士

①每一个家庭成员；②家庭成员以外共同生活的人，如具有同居、寄养或者监护关系的人；③未成年人、老年人、残疾人、孕期和哺乳期的妇女、重病患者遭受家庭暴力的，法律给予特殊保护。

（二）家庭暴力的危害

（1）家庭暴力驱散了家庭的幸福和谐。暴力在家庭内部发生，和睦、宁静、相互帮扶的幸福生活从此烟消云散。

（2）家庭暴力严重地侵害了受害人的人身权利，给受害人留下肉体和心灵的双重创伤，甚至会闹出人命。

（3）家庭暴力危害孩子的健康成长。家暴环境下成长的孩子容易产生自卑、反叛和仇恨心理，性格可能极为懦弱或极具暴力倾向（也有可能两种性格共存），不懂得与人正常沟通交流的方式，甚至走上违法犯罪的道路。

（4）家庭暴力危害社会安定，阻碍社会发展进步。家暴导致家庭破裂，可能引发未成年人犯罪甚至是"以暴制暴"的恶性案件（在国外，女子监狱中服刑的女性杀人犯有超过一半是家暴的受害人，她们忍无可忍杀死了对自己施暴的人）。

（三）遇家庭暴力咋办

1 当自己或亲人遭遇家庭暴力

当我们自己或我们的近亲遭遇家庭暴力时，首先应该要保护好自己的人身安全、妥善保存家庭暴力的证据，然后选择向加害人或者受害人所在单位投诉、反映，或向居委会、村委会、妇联等单位求助，还可以向公安机关报案或者依法向人民法院起诉。

	公安机关	制止暴力、立案调查、送医治疗、伤情鉴定	情节严重：公安暂时保护受害人人身安全、协助受害人安置生活、追究加害人刑事责任
			情节较轻：公安对加害人进行批评教育、出具告诫书，并回访监督
	居委会、村委会、妇联等基层单位	及时劝阻暴力、代为报案、代为申请人身安全保护令、提供庇护和指导	
	法院	申请人身安全保护令	72小时内做出裁定 → 违反保护令的加害人视情节进行训诫、罚款、拘留甚至追究刑罚
			→ 人身安全保护令可以作为未来离婚诉讼中主张赔偿的证据
	反家暴维权联盟	免费法律咨询维权支招	就近原则申请法律援助

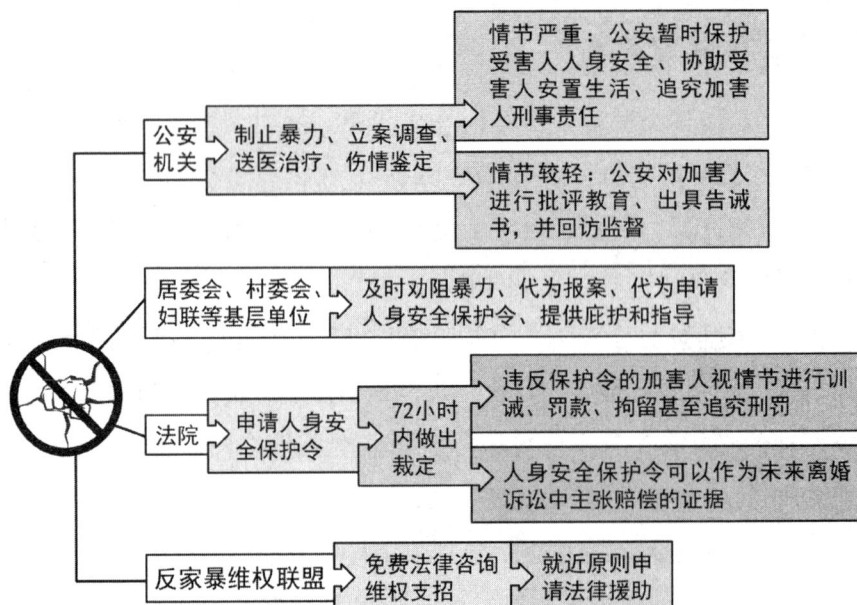

我们不要因为害怕离开了家人没法生活，就一味地忍受家人的暴力行为，保护自己的身心健康比什么都重要。《反家暴法》规定以下这些机构应该为经济不能独立的家暴受害人提供帮助：

（1）县级或者设区的市级人民政府应该设立临时庇护场所，为家庭暴力的受害人提供临时生活帮助。

（2）法律援助机构依法为家庭暴力受害人提供法律援助。

（3）人民法院对家庭暴力受害人缓收、减收或者免收诉讼费用。

② 当发现他人遭遇家庭暴力

（1）如果单位、个人发现正在发生的家庭暴力行为，有权及时劝阻。

（2）《反家暴法》规定了学校、幼儿园、医院、居委会、村委会、社会工作服务机构、救助管理机构、福利机构的强制报告制度。这些单位和机构的工作人员如果在工作中发现孩子、残疾人或精神病人疑似遭

受家庭暴力的，有责任、有义务向公安机关报案，如果未及时报案导致严重后果的，要承担法律责任。此外，公安机关有责任对报案人的信息进行保密。

（3）公安机关接到家庭暴力报案后要及时出警，制止家庭暴力、进行调查取证、协助受害人就医并鉴定伤情。孩子、残疾人或精神病人因家庭暴力身体受到严重伤害、面临人身安全威胁或者处于无人照料等危险状态的，公安机关有责任通知并协助民政部门将其安置到临时庇护场所、救助管理机构或者福利机构。如果负有反家庭暴力职责的国家工作人员不负责任、滥用职权或徇私，不构成犯罪的给予处分，构成犯罪的追究刑事责任。

案例

南宁市隆安县人民法院裁判了一起家庭暴力犯故意伤害罪的典型案例。7岁的小黄一直跟随奶奶生活，由于奶奶意外受伤，小黄被送去和姑姑、姑父生活。在这段时间里小黄多次受到姑父殴打，姑父的父亲和学校老师曾经发现并劝导姑父，然而暴力愈演愈烈，小黄多次被送医治疗，在出院后甚至在医院内仍然受到"陪护"的姑父虐待；小黄后来因病情复杂严重，被转至广西壮族自治区人民医院治疗，并最终由人民医院报警。

公安机关综合评定小黄为轻伤一级，被告人刘某某（姑父）犯故意伤害罪，由于刘某某到案后能如实供述自己的罪行，自愿认罪，有悔罪表现，可从轻处罚，被人民法院判处有期徒刑二年四个月。

解读：

如果能够及时报知公安机关，或村委会、学校、医院等及时介入，小黄受到伤害的全过程中有许多环节可以让伤害停止，而由于各方面的工作疏忽，导致被害人一而再、再而三地受到暴力伤害。反家庭暴力工作需要全社会的各司其职和共同努力，最重要的是转变意识，重视家庭暴力的危害，才能维护每一个家庭的和谐幸福。

③ 家庭暴力告诫书制度

公安机关对家庭暴力的报案进行调查后，综合判断家庭暴力情况情节较轻，依法不给予治安管理处罚的，由公安机关对加害人进行批评教育后出具告诫书，家庭暴力告诫书包括加害人的身份信息、家庭暴力的事实陈述、禁止加害人实施家庭暴力等内容。

《反家暴法》中规定，公安机关应将告诫书送交加害人、受害人，并通知居委会或村委会。居委会、村委会和公安派出所要依法对收到告诫书的加害人、受害人进行查访，有监督加害人不再实施家庭暴力的责任。告诫书可以作为法院审理家庭暴力案件的证据。

④ 人身安全保护令制度

如果遭受家庭暴力或者面临家庭暴力的现实危险，可以向人民法院申请人身安全保护令。可以通过它向法院提出以下这些要求：①禁止加害人实施家庭暴力；②禁止加害人骚扰、跟踪、接触被害人及其相关近亲属；③责令加害人迁出被害人住所；④保护被害人人身安全的其他措施。

人身安全保护令由人民法院执行，公安机关以及居委会、村委会等协助执行。人民法院做出人身安全保护令后，申请人违反人身安全保护令，构成犯罪的，依法追究刑事责任；尚

◆ 人身安全保护令代表人民法院对家暴被害人实施保护

不构成犯罪的，人民法院要给予训诫，可以根据情节轻重处以一千元以下罚款、十五日以下拘留。

人身安全保护令的有效期不超过六个月，但可以根据申请人的申请撤销、变更或延长。

相关资料

《中华人民共和国反家庭暴力法》全文（人民网）http://
politics.people.com.cn/n1/2015/1227/c70731-27982233.html

四、平安工作　劳动合同

签订劳动合同是我们外出打工时保护自己的第一步也是很重要的一步，当我们和单位发生纠纷时，劳动合同是法院判定用人单位是否违规违法的非常重要的法律依据，劳动合同可以有效地保护我们的合法权益，甚至可以说劳动合同最主要的目的就是保障劳动者的权利，所以我们一定要和单位签订书面的劳动合同。

这下有保障了！

◆ 劳动合同是给劳动者的保障

（一）劳动合同的内容

（1）用人单位叫什么名称、在什么地址、主要负责人是谁。

（2）签订合同的劳动者的名字、住址、有效身份证件号码（一般是居民身份证）。

（3）要签订的劳动期限（比较多的是1年至3年，也有几个月的短期、3年以上固定期限或长期无固定期限的劳动合同）。

（4）做什么工作、在哪工作，也就是工作的内容和地点。

（5）工作时间和休假制度（每周或每月休息几天，每天或每月工作多少小时，在合同中规定好了这些事项，用人单位就不能随意剥削劳动者的时间了）。

（6）劳动报酬（是按月、按天还是按小时计算？正常工资标准为多少？什么情况下工资会有变化？是否以现金支付？）。

（7）社会保险（用人单位应该依照相关规定为劳动者办理社会保险，如果你的劳动合同里没有这一条，一定要提出来）。

（8）用人单位为我们劳动者提供什么工作过程中的保护、工作条件和职业危害防护（尤其是有危险或容易得职业病的岗位，一定要注意）。

（9）法律法规规定的其他内容。

除此之外，劳动合同还可以规定试用期、福利、培训、保密等内容。

（二）无效的劳动合同

第一种情况，劳动合同是在你不愿意的情况下签的，受了欺骗，或者是被威胁了；第二种情况，用人单位免除了自己的责任，排除了劳动者权利的，也就是合同规定的权利与义务不合法；第三种情况，劳动合

同违反了法律、行政法规中的强制性规定。这几种情况下的劳动合同可以由劳动争议仲裁机构或者人民法院来确认无效。

如果劳动合同被判无效了，用人单位仍然要支付之前的劳动报酬，按照相似岗位的合法劳动报酬数量来确定；如果劳动合同只是部分无效，那么其他部分仍然具有法律效力，直到订立新的劳动合同或正式解除劳动合同之前，劳动合同是继续履行的。

（三）有劳动纠纷咋办

我们农民工容易遇到的劳动纠纷有劳动合同、工资、工伤、社会保险的争议，还有用人单位非法收取抵押金、保证金、扣押身份证的问题。遇到了上述这些问题有四种处理方式：协商、调解、仲裁、诉讼。其中，如果觉得协商没有用，也可以直接跳过协商，进入法律程序，同时，协商在法律程序的全过程中都可以进行。

（1）调解。负责劳动纠纷调解的机构有本单位的劳动争议调解委员会、基层人民调解组织和乡镇、街道的劳动争议调解机构等。

（2）仲裁。调解不成，或者不想调解，我们还可以向当地劳动争议仲裁委员会来申请仲裁。

（3）诉讼。如果企业或者劳动者不服从仲裁，我们可以向人民法院提起诉讼。

（四）没签合同也不怕

劳动合同法规定，单位应该在我们劳动者工作开始的一个月之内订立书面的劳动合同。如果超过一个月不满一年没有签订劳动合同，那么这段时间中每个月都应给劳动者两倍工资；如果超过了一年没有签订劳动合同，那么法律上视为已签订无固定期限劳动合同。

意思就是说，即使没有签订劳动合同，事实的劳动关系还是成立的。如果在是否存在劳动关系产生了争议，可以向劳动争议仲裁委员会申请仲裁。

有以下这些证据能够证明你和公司存在事实的劳动关系：①工资单、工资支付凭证或工资支付记录和缴纳社会保险的记录，能够证明单位给过你工资、替你买过保险；②单位发给你的工作证、服务证等工作上的证件；③你填写的招聘登记表、报名表等；④工作的考勤记录；⑤其他同事的证言。

> **相关资料**　《中华人民共和国劳动合同法》（中国人大网）
> http://www.npc.gov.cn/wxzl/gongbao/2013-04/15/
> content_1811058.htm

五、遇到纠纷　我有法援

（一）法律援助是啥

法律援助简单来说就是当我们没法负担法律诉讼的费用时，可以申请由政府的法律援助中心提供的免费法律服务，包括法律咨询、代理和刑事辩护等。

（二）啥事可以申请

（1）根据国务院《法律援助条例》及《广西壮族自治区法律援助条例》（修订）规定，以下这些事项都可以申请法律援助：

①依法请求国家赔偿的。

②请求给予社会保险待遇或者最低生活保障待遇的。

③请求发给抚恤金、救济金的。

④请求给付赡养费、抚养费、扶养费的。

⑤请求支付劳动报酬的。

⑥主张因见义勇为行为产生的民事权益的。

⑦因工伤事故、交通事故、医疗事故造成损害，请求人身损害赔偿的。

⑧因使用假劣种子、农药、化肥受到损害，请求赔偿或者补偿的。

⑨因遭受家庭暴力、虐待、遗弃受到损害，请求赔偿或者补偿的。

⑩自治区人民政府规定的其他法律援助事项（包括因遭受污染造成种植业、养殖业损失或其他损失主张权利，以及涉及婚姻家庭、食品药品、就业、就学、就医、土地承包、林权纠纷、社会保障等事项）。

（2）刑事诉讼中也可以申请法律援助：

①犯罪嫌疑人在被侦查机关第一次讯问后或者采取强制措施之日起，因经济困难没有聘请律师的。

②公诉案件中的被害人及其法定代理人或者近亲属，自案件移送审查起诉之日起，因经济困难没有委托诉讼代理人的。

③自诉案件的自诉人及其法定代理人，自案件被人民法院受理之日起，因经济困难没有委托诉讼代理人的。

（三）按照流程申请

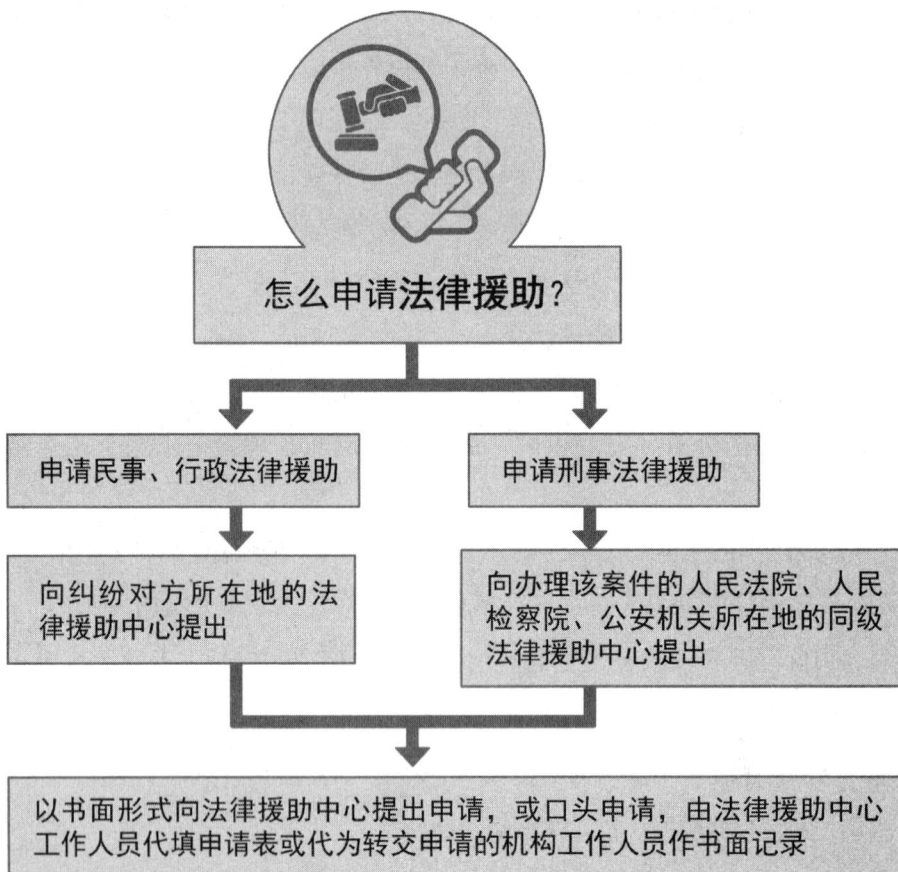

怎么申请法律援助？

申请民事、行政法律援助	申请刑事法律援助
向纠纷对方所在地的法律援助中心提出	向办理该案件的人民法院、人民检察院、公安机关所在地的同级法律援助中心提出

以书面形式向法律援助中心提出申请，或口头申请，由法律援助中心工作人员代填申请表或代为转交申请的机构工作人员作书面记录

小贴士

可以通过"12348"法律咨询热线和当地法律援助机构咨询法律援助申请事宜。

（四）要准备的材料

申请法律援助时，应当提交的证件、证明材料主要有：

（1）法律援助申请表。

（2）身份证或者其他有效的身份证明，代理申请人还应当提交有权代理的证明（如与主要申请人的关系证明或者授权书）。

（3）经济状况证明（证明我们经济较为困难，需要法律援助）。

（4）与所申请法律援助事项有关的案件材料。

（五）经济困难范围

（1）享受城乡居民最低生活保障或者实际生活水平低于当地最低生活保障标准的。

（2）社会福利机构中由政府供养的。

（3）享受农村五保户待遇的。

（4）因残疾、严重疾病、自然灾害造成经济困难的。

（5）自治区人民政府规定的其他情形。

此外，如果有下列情形之一的，可以不受经济困难条件的限制：

（1）公民主张因见义勇为行为产生的民事权益的。

（2）农村进城务工人员通过诉讼请求支付劳动或者工伤事故人身损害赔偿的。

（3）义务兵、供给制学员及军属。

（4）执行作战、重大非战争军事行动任务的军人及军属。

（5）烈士、因公牺牲军人、病故军人的遗属。

后记

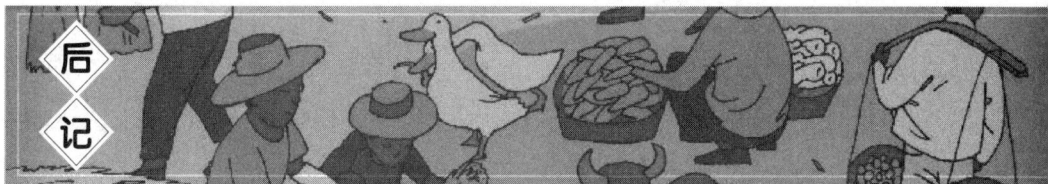

　　具有"交互功能"的现代纸书《广西农家百事通·2018年版》终于和您见面了。

　　2017年，编写组顺应全媒体时代发展的要求，将传统出版的专业采编优势、内容资源优势与新媒体的技术、渠道优势相结合，推动传统出版与新媒体融合发展，满足广大老百姓通过新媒体技术获取信息的需求，《广西农家百事通·2018年版》升级改版为具有"交互功能"的现代纸书。编写组多次召开研讨会，征求相关专家的意见、建议，与在一线工作的"第一书记"深入交流，听取广大农民朋友的心声，对搜集到的资料进行结构化、系统化的编辑整理加工，可谓是呕心沥血。我们的目标只有一个，就是力争为广大读者提供最新、精准、全面的政策解读和生产生活指导。

　　回顾本书的编写过程，辛苦而感动，团结而幸福。党和政府出台多项政策措施发力精准扶贫，切实为解决"三农"问题想法子、找路子，我们深深感受到了广西壮族自治区各级党委和政府对"三农"的重视和支持，可以说本书的面世是各方共同努力的结果。

　　在此，真诚感谢广西出版传媒集团有限公司对本项目的实施给予的大力支持；真诚感谢中共广西壮族自治区委员会宣传部、广西壮族自治区扶贫开发办公室、广西壮族自治区发展和改革委员会、广西壮族自治区教育厅、广西壮族自治区科学技术厅、广西壮族自治区民政厅、广西壮族自治区司法厅、广西壮族自治区财政厅、广西壮族自治区住房和城乡建设厅、广西壮族自治区农业厅、广西壮族自治区林业厅、广西壮族自治区商务厅、广西壮族自治区文化厅、广西壮族自治区卫生和计划生

育委员会、广西壮族自治区旅游发展委员会、广西壮族自治区妇女联合会、广西壮族自治区"美丽广西·清洁乡村"活动领导小组、中国保险监督管理委员会广西监管局、中国太平洋保险公司广西分公司、北部湾财产保险股份有限公司、广西农村信用社等单位为本项目的推进所提供的"绿色通道";衷心感谢关心本书出版发行的每一位领导、专家、同行、朋友,正是有了你们的支持,我们才有信心把《广西农家百事通》做好。

知无不言,言无不尽,我们希望能通过现代纸书《广西农家百事通·2018年版》能与您有更进一步的交流。

《广西农家百事通》编写组

2017年12月